▶ Inhalt

▶ Strafrecht AT

▶ Vorwort

Dieses Skript ist gedacht als Einführung in die Grundlagen des Allgemeinen Teils des Strafgesetzbuchs. Nachlesen und nachbereiten kann man hier die Themen, die schwerpunktmäßig in den Anfänger-Vorlesungen behandelt werden. Dazu gehören z.B. die Kausalität, der Vorsatz, die Notwehr, der Versuch und das unechte Unterlassungsdelikt.

Der Name **niederle media** steht für Skripten, die zu einem großen Teil von Autoren mit mehrjähriger Lehr-Erfahrung als Hochschullehrer oder AG-Leiter verfasst wurden und die

- klausurrelevante Themen *kompakt* darstellen,

- meist in 1-2 Tagen und demnach *zeitsparend* durchgearbeitet werden können,

- so *verständlich* sind, dass auch Anfänger damit regelmäßig auf Anhieb klarkommen,

- *Fallbeispiele, Übersichten* und *Schemata* enthalten,

- sehr *erschwinglich* sind (ab 7 €).

Aufgrund dieser Eigenschaften sind unsere Skripten hervorragend geeignet für den ersten, unkomplizierten Einstieg in die Materie oder für eine schnelle Wiederholung kurz vor der Prüfung. Dafür drücke ich schon jetzt ganz fest die Daumen,

Jan Niederle

▶ Unsere 📖 Skripten ▦ Karteikarten 🎧 Hörbücher (CD & MP3)

Zivilrecht

- 📖 Standardfälle für Anfänger (7,90 €)
- 📖 🎧 Standardfälle BGB AT (7,90 €)
- 📖 🎧 Standardfälle Schuldrecht (7,90 €)
- 📖 🎧 Standardfälle Ges. Schuldverh., §§ 677, 812,823
- 📖 🎧 Standardfälle Sachenrecht (9,90 €)
- 📖 🎧 Standardfälle Familien- und Erbrecht (9,90 €)
- 📖 Klausuren Übung für Fortgeschrittene (7,90 €)
- 📖 🎧 Basiswissen BGB (AT) (Frage-Antwort)
- 📖 🎧 Basiswissen SchuldR (AT) 📖 🎧 SchuldR (BT) (7 €)
- 📖 🎧 Basiswissen Sachenrecht, 📖 🎧 FamR, 📖 🎧 ErbR
- 📖 Einführung in das Bürgerliche Recht (7,90 €)
- 📖 Studienbuch BGB (AT) (12 €)
- 📖 Studienbuch Schuldrecht (AT) (12 €)
- 📖 Schuldrecht (BT) 1 - §§ 437, 536, 634, 670 ff. (9,90 €)
- 📖 Schuldrecht (BT) 2 - §§ 812, 823, 765 ff. (9,90 €)
- 📖 SachenR 1 – Bewegl. S., 📖 SachenR 2 – Unb. S. (9,9 €)
- 📖 Familienrecht und 📖 Erbrecht (Einführungen) (9,90 €)
- 📖 Streitfragen Schuldrecht (7,90 €)
- 📖 🎧 Definitionen für die Zivilrechtsklausur (9,90 €)

Strafrecht

- 📖 🎧 Standardfälle für Anfänger Band 1 (9,90 €)
- 📖 Standardfälle für Anfänger Band 2 (7,90 €)
- 📖 Standardfälle für Fortgeschrittene (12 €)
- 📖 🎧 Basiswissen Strafrecht (AT) (Frage-Antwort)
- 📖 🎧 Basiswissen Strafrecht BT 1 und 📖 🎧 BT 2 (7 €)
- 📖 Strafrecht (AT) (7,90 €)
- 📖 Strafrecht (BT) 1 – Vermögensdelikte (9,90 €)
- 📖 Strafrecht (BT) 2 – Nichtvermögensdelikte (9,90 €)
- 📖 🎧 Definitionen für die Strafrechtsklausur (7,90 €)

Irrtümer und Änderungen vorbehalten!

Öffentliches Recht

- 📖 Standardfälle Staatsrecht I – StaatsorgaR (9,90 €)
- 📖 Standardfälle Staatsrecht II – Grundrechte (9,90 €)
- 📖 🎧 Standardfälle f. Anfänger (StaatsorgaR u. GRe) (7,9 €)
- 📖 Standardfälle Verwaltungsrecht (AT) (9,90 €)
- 📖 Standardfälle Polizei- und Ordnungsrecht (9,90 €)
- 📖 Standardfälle Baurecht (9,90 €)
- 📖 Standardfälle Europarecht (9,90 €)
- 📖 Standardfälle Kommunalrecht (9,90 €)
- 📖 🎧 Basiswissen StaatsR I –StaatsorgaR (Fr-Antw.) (7 €)
- 📖 🎧 Basiswissen StaatsR II –GrundR (Frage-Antw.) (7 €)
- 📖 Basiswissen VerwaltungsR AT– (Frage-Antwort) (7 €)
- 📖 Studienbuch Staatsorganisationsrecht (9,90 €)
- 📖 Studienbuch Grundrechte (9,90 €)
- 📖 Studienbuch Verwaltungsrecht AT (12 €)
- 📖 Studienbuch Europarecht (12,90 €)
- 🎧 Basiswissen Europarecht
- 📖 Staatshaftungsrecht (9,90 €)
- 📖 VerwaltungsR AT 1 – VwVfG u. 📖 AT 2–VwGO (7,90 €)
- 📖 VerwaltungsR BT 1 – POR (9,90 €)
- 📖 VerwaltungsR BT 2 – BauR 📖 BT 3 – UmweltR (9,90 €)
- 📖 🎧 Definitionen Öffentliches Recht (9,90 €)

Steuerrecht

- 📖 Abgabenordnung (AO) (9,90 €)
- 📖 Erbschaftsteuerrecht (9,90 €)
- 📖 Steuerstrafrecht/Verfahren/Steuerhaftung (7,90 €)

Sozialrecht

- 📖 Kinder- und Jugendhilferecht (7,90 €)
- 📖 Sozialrecht (9,90 €)

Nebengebiete

- 📖 🎧 Standardfälle Handels- & GesR (9,90 €)
- 📖 🎧 Standardfälle Arbeitsrecht (9,90 €)
- 📖 Standardfälle ZPO (9,90 €)
- 📖 🎧 Basiswissen HandelsR (Frage-Antwort) (7,9 €)
- 📖 🎧 Basiswissen Gesellschaftsrecht (7,90 €)
- 📖 🎧 Basiswissen ZPO (Frage-Antwort) (7,90 €)
- 📖 🎧 Basiswissen StPO (Frage-Antwort) (7,90 €)
- 📖 Handelsrecht (9,90 €)
- 📖 Gesellschaftsrecht (9,90 €)
- 📖 Arbeitsrecht (9,90 €)
- 📖 Kollektives Arbeitsrecht (9,90 €)
- 📖 ZPO I – Erkenntnisverfahren (9,90 €)
- 📖 ZPO II – Zwangsvollstreckung (9,90 €)
- 📖 Strafprozessordnung – StPO (9,90 €)
- 📖 Einf. Internationales Privatrecht - IPR (9,90 €)
- 📖 Standardfälle IPR (9,90 €)
- 📖 Insolvenzrecht (9,90 €)
- 📖 Gewerbl. Rechtsschutz/Urheberrecht (9,90 €)
- 📖 Wettbewerbsrecht (9,90 €)
- 📖 Ratgeber 500 Spezial-Tipps für Juristen (12 €)
- 📖 Mediation (7,90 €)
- 📖 Sportrecht (9,90 €)

Karteikarten (je 9,90 €)

- ▦ Zivilrecht: BGB AT/SchuldR/Grundlagen/Schemata
- ▦ Strafrecht: AT/BT-1/BT-2/Streitfragen
- ▦ Öff. R.: StaatsorgaR/GrundR/VerwR/Schemata

Assessorexamen

- 📖 Der Aktenvortrag im Strafrecht (7,90 €)
- 📖 Der Aktenvortrag im Zivilrecht (7,90 €)
- 📖 Der Aktenvortrag im Öffentlichen Recht (7,90 €)
- 📖 Staatsanwaltl. Sitzungsdienst & Plädoyer (9,90 €)
- 📖 Die strafrechtliche Assessorklausur (7,90 €)
- 📖 Die Assessorklausur VerwR Bd. 1 (7,90 €)
- 📖 Die Assessorklausur VerwR Bd. 2 (7,90 €)
- 📖 Vertragsgestaltung in der Anwaltsstation (7 €)

Irrtümer und Änderungen vorbehalten!

BWL

- 📖 Einführung i. die Betriebswirtschaftslehre (7,90 €)
- 📖 Marketing (7 €)
- 📖 Organisationsgestaltung & -entwickl. (7,90 €)
- 📖 Fallstudien Organisationsgestaltung & -entwickl.
- 📖 Internationales Management (7 €)
- 📖 Wie gelingt meine wiss. Abschlussarbeit? (7 €)

Irrtümer und Änderungen vorbehalten!

Schemata

- 📖 Die wichtigsten Schemata–ZivR,StrafR,ÖR (14,90)
- 📖 Die wichtigsten Schemata–Nebengebiete (9,90 €)

🎧 bedeutet: auch als **Hörbuch** (CD oder MP3-Download) lieferbar!

Bei **niederle-media.de** bestellte Artikel treffen idR *nach 1-2 Werktagen* ein!

Lektion 1: Das vorsätzliche vollendete Begehungsdelikt

Das vorsätzliche vollendete Begehungsdelikt setzt sich aus *drei* in der Fallbearbeitung zu thematisierenden *Komplexen* zusammen:

A. Tatbestandsmäßigkeit

B. Rechtswidrigkeit

C. Schuld

Der Täter macht sich demnach nur dann strafbar, wenn er tatbestandsmäßig, rechtswidrig und schuldhaft gehandelt hat. Was versteht man unter den drei genannten Begriffen? Im Tatbestand (A.) wird abstrakt beschrieben, welches Handeln generell als strafwürdig empfunden wird und daher strafbar ist. Bestraft werden kann nämlich nur das, was bereits zum Zeitpunkt der Tat auch konkret mit Strafe bedroht war, Art. 103 II GG, § 7 I EMRK, §§ 1, 2 StGB. Es gilt insofern der Grundsatz „Keine Strafe ohne Gesetz" bzw. „nullum crimen sine lege". Außerdem muss nach dem Bestimmtheitsgrundsatz im engeren Sinn (ebenfalls aus Art. 103 II GG abgeleitet) für einen potentiellen Täter grundsätzlich *vorhersehbar* sein, ob ein geplantes Handeln strafbar ist.

Beispiel 1: § 212 stellt klar, dass derjenige, der einen Menschen tötet, mit Freiheitsstrafe nicht unter fünf Jahren bestraft wird. Wer eine andere Person körperlich misshandelt oder an der Gesundheit schädigt, wird nach § 223 I mit Freiheitsstrafe bis zu fünf Jahren oder mit Geldstrafe bestraft.

Die Rechtswidrigkeit der Tat (B.) liegt vor, wenn die Tat im Widerspruch zur Gesamtrechtsordnung steht. Im Regelfall wird die Rechtswidrigkeit durch die typisches Unrecht umschreibende Tatbestandsmäßigkeit *indiziert*. Ein Täter, der den Tatbestand verwirklicht, handelt im Regelfall also auch rechtswidrig.

Beispiel 2: A erschießt vorsätzlich und grundlos den B. Die Tatbestandsmäßigkeit und die Rechtswidrigkeit sind gegeben.

Ausnahmsweise ist eine Tat jedoch nicht rechtswidrig; dies ist z.B. der Fall, wenn dem Täter Rechtfertigungsgründe zur Seite stehen.

Beispiel 3: A erschießt vorsätzlich *in Notwehr* den B. Damit hat der A zwar tatbestandsmäßig, jedoch nicht rechtswidrig gehandelt. Eine Strafbarkeit des A nach § 212 entfällt.

Des Weiteren handelt der Täter trotz Erfüllung eines Tatbestandes nicht rechtswidrig, wenn ein sog. „offener Tatbestand" in Rede steht und es an der erforderlichen, im Einzelfall festzustellenden sozialethischen Verwerflichkeit des Handelns des Täters fehlt (Bspe.: § 240 II, § 253 II StGB).

Bei der Schuld (C.) wird untersucht, ob dem Täter die Tat nach seinen *individuellen Kenntnissen* und *Fähigkeiten vorwerfbar* ist. Das ist sie zum Beispiel dann nicht, wenn der Täter wegen Schwachsinns oder einer schweren anderen seelischen Abartigkeit unfähig war, das Unrecht der Tat einzusehen und/oder nach dieser Einsicht zu handeln, § 20.

Beispiel 4: Der schwachsinnige A erschießt vorsätzlich den B. Damit hat der A zwar tatbestandsmäßig und rechtswidrig, nicht aber schuldhaft gehandelt. Eine Strafbarkeit des A nach § 212 entfällt. (Anm.: In Frage kommt dann aber eine Unterbringung des A in einem psychiatrischen Krankenhaus nach Maßgabe des § 63).

Der **Tatbestand** (A.) eines vorsätzlichen Begehungsdelikts unterteilt sich weiter in den *objektiven* und den *subjektiven* Tatbestand.

Die objektiven Tatbestandsmerkmale beschreiben das äußere Erscheinungsbild der Tat. Dazu gehört der *Täter (Tatsubjekt)*, das *Tatobjekt* und die *Tathandlung*, also das im jeweiligen Strafgesetz umschriebene Verhalten selbst, das als strafwürdig angesehen wird. Weiterhin muss bei Erfolgsdelikten auch der *Erfolg* und die *Kausalität* zwischen Handlung und Erfolg sowie die *objektive Zurechnung* geprüft werden.

A. Tatbestandsmäßigkeit

I. Objektiver Tatbestand
1. Täter, Tathandlung, Taterfolg
2. Kausalität zwischen Handlung und Erfolg
3. Objektive Zurechnung

II. Subjektiver Tatbestand

---

1. Täter, Tathandlung, Taterfolg

Die meisten Delikte kann tatbestandlich jeder Mensch begehen. Allerdings gibt es sog. *Sonderdelikte*, bei denen die im gesetzlichen Tatbestand umschriebene Eigenschaft des Handlungssubjekts den Täterkreis begrenzt.

Beispiel 5: „Arzt" oder „Rechtsanwalt" in § 203, "Unfallbeteiligter" in § 142 oder „Amtsträger" in §§ 331 ff.

Bei einem Begehungsdelikt kommt als **Tathandlung** nur ein *willensgetragenes*, sozialerhebliches, menschliches Verhalten in Betracht. Nicht willensgetragen sind *Reflexbewegungen* als bloß physiologische Reize ohne Zwischenschaltung des Bewusstseins sowie Verhaltensweisen im Zustand völliger Bewusstlosigkeit. Nicht willensgetragen sind auch die Fälle der sog. *vis absoluta*. Darunter versteht man einen unwiderstehlichen körperlichen Zwang.

10

Beispiel 6: A träumt nachts in seinem Bett, dass er „verfolgt" werde. Er schlägt wild um sich, so dass seine neben ihm liegende Freundin F einen Schlag ins Gesicht abbekommt. Hier liegt kein *willensgetragenes* Verhalten vor.

Beispiel 7: A schubst den B, woraufhin dieser gegen den C stößt. C wird dabei verletzt. Hier liegt für B ein *unwiderstehlicher körperlicher Zwang* (vis absoluta) vor. Ein willensgetragenes Verhalten des B ist also nicht gegeben.

Beispiel 8: A fährt mit seinem PKW über die Straße. Als ihn eine Wespe ins Auge sticht, lässt er kurz das Lenkrad los, um sich ins Gesicht zu fassen. Aus diesem Grund überfährt er einen Fußgänger, der tödlich verletzt wird. Hier liegt kein willensgetragenes Verhalten vor (Anmerkung: Wäre dem A nur eine Fliege ins Auge geflogen, wäre eine Handlung im strafrechtlichen Sinn hingegen zu bejahen).

Bei **Erfolgsdelikten** muss ferner der Eintritt des tatbestandlich vorausgesetzten Erfolges festgestellt werden.

Beispiel 9: Beispiel für ein Erfolgsdelikt ist § 212 (Totschlag). Hier muss als tatbestandlicher Erfolg der „Tod" eines Menschen eingetreten sein. Bei § 223 (Körperverletzung) ist ein Erfolg z.B. gegeben, wenn eine Gesundheitsbeschädigung eingetreten ist. Bei § 263 (Betrug) muss dem Opfer ein Vermögensschaden entstanden sein.

Schlichte **Tätigkeitsdelikte** setzen dagegen *keinen gedanklich von der Tathandlung abgrenzbaren Erfolg* in der Außenwelt voraus.

Beispiel 10: Beispiel für ein Tätigkeitsdelikt ist § 153 (uneidliche Falschaussage). Es ist gleichgültig, ob es dem Täter gelungen ist, das Gericht durch seine Falschaussage zu täuschen. Auf einen „Erfolg" kommt es also nicht an.

2. Kausalität zwischen Tathandlung und Erfolg

Hier gilt es zu klären, ob der Erfolg das „Werk" des Täters war, d.h. ob der Täter ihn verursacht hat.

Hinweis: Da schlichte Tätigkeitsdelikte für die Strafbarkeit gerade keinen Erfolg voraussetzen, ist bei ihnen auch keine Kausalität zu prüfen!

Zur Ermittlung des Kausalzusammenhangs zwischen Tathandlung und Taterfolg wird als erster Ausgangspunkt die sog. **conditio-sine-qua-non-Formel** verwendet:

Ursächlich (= kausal) ist jede Bedingung, die nicht hinweggedacht werden kann, ohne dass der Erfolg in seiner konkreten Form entfiele.

Somit muss man sich gedanklich folgende *Testfrage* stellen: Wäre der Erfolg in seiner konkreten Form entfallen, wenn ein bestimmtes Verhalten *hinweggedacht* werden würde?

Beispiel 11: T zieht ein Messer und sticht X nieder. X stirbt. Denkt man sich hier das Niederstechen weg, wäre X nicht durch den Stich zu Tode gekommen. Damit entfiele der Erfolg in seiner konkreten Form, Kausalität nach der Äquivalenztheorie ist gegeben.

Die conditio-sine-qua-non-Formel wird durch 6 Regeln weiter konkretisiert und modifiziert:

a) Hypothetische Kausalität*:* Diese liegt vor, wenn die Handlung des Täters zwar den Erfolg herbeiführt, dieser Erfolg aber wenig später auch durch eine andere Ursache, die nicht von einem Dritten gesetzt worden ist, herbeigeführt worden wäre.

Beispiel 12: T erschießt X. Dieser hätte eigentlich ein Flugzeug genommen, das dann tatsächlich abgestürzt ist. Kausalität? Testfrage! Ohne das Handeln von T wäre X nicht zum *konkreten* Zeitpunkt durch einen Schuss getötet worden. Beim Hinwegdenken der Handlung des T entfällt zwar nicht der Erfolg, da X dann später beim Flugzeugabsturz gestorben wäre. Es muss aber immer auf den *konkreten* Erfolg abgestellt werden und nicht auf den Erfolg zu einem späteren Zeitpunkt!

Im Grunde handelt es sich bei der „hypothetischen Kausalität" also um einen Fall, der gegenüber der gewöhnlichen Kausalität keinerlei Besonderheiten aufweist (plakativ: „Sterben muss ohnehin jeder einmal").

1. Regel: Sog. Reserveursachen sind unbeachtlich, da sie sich auf den konkreten Erfolg gar nicht auswirken konnten.

12

b) Kumulative Kausalität: Mehrere, unabhängig voneinander gesetzte Bedingungen führen erst durch ihr Zusammenwirken den Erfolg herbei. Jede Handlung für sich allein hätte nicht ausgereicht.

Beispiel 13: R und T geben X jeweils 40 g eines Giftes ins Glas. Die tödliche Dosis beträgt jedoch 60 g. War das Verhalten des R kausal? Testfrage! Hätte R dem X kein Gift gegeben, wäre der Erfolg (Tod) entfallen. Kausalität liegt vor. War das Verhalten des T kausal? Hätte T dem X kein Gift gegeben, wäre der Erfolg ebenfalls entfallen. Kausalität liegt vor. Die Handlungen von R und T waren also kausal für den Tod des X.

> **2. Regel:** Alle Bedingungen sind gleichwertig. Mitursächlichkeit reicht aus.

c) Alternative Kausalität (Doppelkausalität): Mehrere, unabhängig voneinander gesetzte Bedingungen, die auch für sich allein zur Erfolgsherbeiführung ausgereicht hätten, sind alle zur selben Zeit im eingetretenen Erfolg tatsächlich wirksam geworden.

Beispiel 14: R und T geben X jeweils 50 g eines Giftes ins Glas. Die tödliche Dosis beträgt 30 g. Ist Kausalität gegeben? Testfrage! Hätte R dem X kein Gift gegeben, wäre der Erfolg nicht entfallen, sondern trotzdem eingetreten (dementsprechend auch bei T). Kausalität läge danach nicht vor. Weder die Handlung des R noch die des T wären kausal für den Tod des X. R u. T wären nicht strafbar, obwohl sie jeweils eine tödliche Dosis Gift gaben! Dies kann nicht sein, deshalb folgende Regel:

> **3. Regel**: Von mehreren Bedingungen, die zwar alternativ, nicht aber kumulativ hinweggedacht werden können, ohne dass der Erfolg in seiner konkreten Gestalt entfiele, ist jede für den Erfolg ursächlich.

Demzufolge wird im Fall der alternativen Kausalität die Ausgangsdefinition des Kausalitätsbegriffs stark modifiziert.

d) Fortwirkende Kausalität: Die durch eine erste Handlung in Gang gesetzte Kausalkette in Richtung auf den Erfolg wird durch eine weitere Ursache, <u>die an die erste anknüpft</u>, verändert und führt einen schnelleren oder jedenfalls modifizierten Erfolgseintritt herbei.

Beispiel 15: R gibt dem X eine tödliche Dosis Gift ins Glas, das X austrinkt. Bevor X daran stirbt, wird er von T erstochen. Dies war nur möglich, weil X bereits von dem Gift derart geschwächt war, dass er den Angriff nicht mehr abwehren konnte. Ist die Ersthandlung des R kausal? Testfrage! Hätte R dem X kein Gift gegeben, so wäre dieser nicht geschwächt gewesen und hätte folglich den Angriff des T abwehren können. Die Handlung von R ist somit mitursächlich für den Todeseintritt (siehe Regel 2). Kausalität ist also gegeben.

---

4. Regel: Wenn an eine Ursache eine Zweithandlung anknüpft, die den Erfolg herbeiführt, bleibt die erste Bedingung kausal, wenn sie bis zum Erfolgseintritt fortwirkt.

---

e) Abbrechende Kausalität (auch „abgebrochene/überholende/überholte Kausalität" genannt): Hier knüpft die Zweitursache nicht an die Erstursache an. Die Erstbedingung führt nicht zum Erfolgseintritt, weil ein späteres Ereignis unabhängig von der früher gesetzten Bedingung eine neue Ursachenreihe eröffnet, die ausschließlich den Erfolg herbeiführt.

Beispiel 16: Sachverhalt wie bei Beispiel 15. Doch bevor das Gift zu wirken beginnt, erschießt T den X. Ist das Verhalten des R (Geben des Gifts) kausal? Testfrage! X wäre auch bei Hinwegdenken des Giftkonsums aufgrund der Schussverletzung ohne eine Modifikation zum tatsächlichen Tatgeschehen gestorben. Kausalität zwischen der Handlung des R und dem Tod des X ist damit nicht gegeben. Allein der Schuss des T führt zum Erfolg und zwar völlig unabhängig von der früheren Bedingung (dem Gift des R). Die erste Kausalreihe ist damit fehlgeschlagen. Nur die Zweithandlung des T ist also erfolgskausal. Hinsichtlich der Handlung des R kommt eine Versuchsstrafbarkeit in Betracht.

---

5. Regel: Unterbrochen wird der Kausalverlauf der ersten Bedingung (hier: Vergiftung) nur, wenn ein späteres Ereignis (hier: Erschießen) unabhängig von der früheren Ursachenkette eine neue Ursachenkette zum Erfolg eröffnet.

f) Atypischer Kausalverlauf: Die Kausalität der Ersthandlung wird durch eine daran anknüpfende Zweithandlung des Opfers bzw. eines Dritten vermittelt.

Beispiel 17: R verletzt X mit dem Messer am Bein. Auf dem Weg ins Krankenhaus stürzt ein Flugzeug auf den Krankenwagen, wobei X stirbt. War das Verhalten des R kausal? Testfrage! Hätte R den X nicht verletzt, wäre dieser nicht mit dem Krankenwagen ins Krankenhaus gefahren worden und dann wäre er nicht durch das Flugzeug zu Tode gekommen. Kausalität liegt also vor.

Hinweis: Die Tatsache, dass der Tod durch ein abstürzendes Flugzeug völlig untypisch ist, hat allerdings im Rahmen der *objektiven Zurechnung* Bedeutung!

---

6. Regel: Der Kausalverlauf entfällt nicht dadurch, dass die Todesursache ungewöhnlich oder selten ist. Es gilt: Kausalität entfällt nicht bei atypischen Kausalverläufen!

---

3. Objektive Zurechenbarkeit

Da die conditio-sine-qua-non-Formel alleine noch nicht geeignet ist zu bestimmen, ob ein bestimmter Erfolg auch normativ das „Werk" des Täters ist, bedarf es weiterer Eingrenzungsfaktoren. Andernfalls wäre z.B. der Vater V des X „schuldig", wenn der X den Y vergiftet; denn die Zeugung des X durch V kann nicht hinweggedacht werden, ohne dass der Erfolg (Tod des Y) in seiner konkreten Gestalt entfiele.

Die Äquivalenztheorie wird daher nach Auffassung der Literatur mittels der Lehre von der objektiven Zurechnung weiter eingegrenzt. Neben der erforderlichen Kausalität zwischen Tathandlung und Erfolg muss der konkrete Erfolgseintritt dem Täter auch objektiv *zugerechnet* werden können. Der Erfolg muss dem Täter nämlich auch wertungsmäßig („normativ") als *„sein Werk"* zuzuordnen sein.

> **Objektiv zurechenbar** ist ein durch menschliches Verhalten verursachter Erfolg nur dann, wenn dieses Verhalten
> - eine **rechtlich missbilligte Gefahr** geschaffen und gerade diese Gefahr sich im
> - **tatbestandsmäßigen Erfolg verwirklicht** hat.

a) Eine rechtlich missbilligte Gefahr ist in folgenden Fällen *nicht gegeben:*

- Der Schadenseintritt ist durch den Menschen *nicht beherrschbar.*

Beispiel 18: A schickt B bei einem Gewitter ins Freie, weil er hofft, B werde durch einen Blitz getroffen. Den Blitzeinschlag beherrscht A nicht. Wenn B durch einen Blitz tödlich verletzt wird, so hat A den Tod des B zwar kausal, aber nicht zurechenbar verursacht.

Beispiel 19: A überredet Erbonkel E zum Flug, weil er auf einen Flugzeugabsturz hofft. A hat keinerlei Einflussmöglichkeiten auf den Flug. Kommt es zu einem Absturz des Flugzeugs und dem Tod des E, hat A dessen Tod zwar kausal aber nicht zurechenbar hervorgerufen.

- Es werden Handlungen zur *Risikoverringerung* vorgenommen, indem ein drohender Erfolg abgeschwächt bzw. verzögert wird, ohne dabei eine neue Gefahr zu schaffen.

Beispiel 20: A merkt, wie jemand vom Fenster aus einen Blumentopf auf den Kopf des B wirft und reißt ihn daraufhin so zur Seite, dass dieser nur an der Schulter getroffen wird. Hier war die Handlung des A kausal für die Schulterverletzung des B. A hat jedoch keine rechtlich missbilligte Gefahr geschaffen. Mangels objektiver Zurechnung scheidet eine Strafbarkeit des A aus.

Beispiel 21: B will den C mit einem Schlagring verletzen (§ 224). A gelingt es jedoch, den B dazu zu bringen, dem C mit bloßen Fäusten eine Abreibung zu verpassen. Hier hat A nach der Lehre von der objektiven Zurechnung wegen Risikoverringerung keine Beihilfe (§ 27) zur Körperverletzung begangen.

16

b) Die Gefahr hat sich im **tatbestandsmäßigen Erfolg** in folgenden Fällen **nicht verwirklicht** *(sog. fehlender Risikozusammenhang)*:

- *Atypische Kausalverläufe* und Schadensfolgen sowie Abläufe außerhalb aller Lebenserfahrung.

Beispiel 22: Ein Flugzeug stürzt auf dem Weg ins Krankenhaus auf den Krankenwagen, vgl. Beispiel 17. Die objektive Zurechnung ist hier zu verneinen. (Anm.: Anders wäre es, wenn der Fahrer des Krankenwagens durch leichte Fahrlässigkeit einen Unfall verursacht, in dessen Folge der Tod des Transportierten eintritt. Dies läge nicht mehr außerhalb jeder Lebenserfahrung).

Beispiel 23: X fällt nach einer Beleidigung durch T tot um. Die objektive Zurechnung ist hier zu verneinen.

- Eigenverantwortliche *Selbstgefährdung*. Es gilt das Prinzip, dass grundsätzlich jeder für sich selbst verantwortlich ist.

Beispiel 24: R überlässt dem T eine Heroinspritze, die sich dieser injiziert. T stirbt. - Zwar war das Überlassen der Spritze durch R kausal für den Tod des T, doch scheitert die objektive Zurechnung und damit die Strafbarkeit an der *eigenverantwortlichen Selbstgefährdung* des T. (Anm.: Anders wäre nur zu entscheiden, wenn der Suchtkranke in der konkreten Situation zu eigenverantwortlichem Handeln unfähig war).

Beispiel 25: R schießt mit Tötungsabsicht auf T, verletzt diesen dabei aber nur schwer. Zur Rettung des T ist eine Bluttransfusion erforderlich, die dieser aber aus religiösen Gründen ablehnt. T stirbt. Hier scheitert die objektive Zurechnung und damit die Strafbarkeit an der *eigenverantwortlichen Selbstgefährdung* des T.

- Der Erfolg liegt außerhalb des *Schutzbereichs* der Norm.

Beispiel 26: Autofahrer A überfährt eine rote Ampel. Ein paar Straßen weiter überfährt er - diesbezüglich völlig schuldlos - ein Kind, das auf die Straße rennt. Hier hat A zwar gegen StVO-Vorschriften über Ampelanlagen verstoßen, diese Normen sollen jedoch nicht verhindern, dass erst einige Straßen weiter Unfälle geschehen.

Objektive Zurechnung

Rechtlich missbilligte Gefahr		Risikozusammenhang
Zu verneinen wenn		Zu verneinen wenn
- Nicht durch Menschen beherrschbar - Risikoverringerung	+	- Atyp. Kausalverlauf - Selbstgefährdung - Schutzber. überschr.

II. Subjektiver Tatbestand

Nach § 15 ist nur vorsätzliches Handeln strafbar, wenn nicht das Gesetz fahrlässiges Handeln ausdrücklich mit Strafe bedroht.

1. Eine Legaldefinition des **Vorsatzes** fehlt jedoch im StGB. Literatur und Rspr. definieren aber den Vorsatz folgendermaßen: „Vorsatz ist der Wille zur Verwirklichung eines Straftatbestandes in Kenntnis aller seiner objektiven Tatumstände".

> **Merksatz**: Unter **Vorsatz** versteht man das **Wissen und Wollen** der Tatbestandsverwirklichung.

Zum Begriff des Vorsatzes gehört nach herrschender Meinung also zum einen die Kenntnis (bzw. Voraussicht) der den objektiven Tatbestandsmerkmalen entsprechenden Umstände (sog. *kognitives Element*) zum zweiten der Wille zur Verwirklichung des Tatbestandes, sog. *voluntatives Element*.

Der Vorsatz muss im Zeitpunkt der Tathandlung (noch) vorliegen, sog. *Simultanitätsprinzip (§§ 8, 16 Abs. 1 S. 1, 20 StGB)*. Nicht ausreichend ist daher ein früheres Bewusstsein, sog. *dolus antecedens*, ebenso wenig wie die nach der Tat erlangte Kenntnis der Tatumstände, sog. *dolus subsequens*.

a) Das kognitive Element (Wissenselement)

Die Vorstellung des Täters muss die konkrete Tat in ihren Grundzügen, die tatbestandsrelevanten Besonderheiten der Ausführungshandlung, den von ihm gewollten Taterfolg, den Kausalverlauf in seinen wesentlichen Grundzügen sowie alle sonstigen Merkmale, die zum gesetzlichen Tatbestand gehören, umfassen.

Dabei wird nicht verlangt, dass der Täter den ihm bekannten Sachverhalt juristisch exakt unter das Gesetz subsumiert. Denn dann könnte sich ja fast ausschließlich der studierte Jurist strafbar machen. Vielmehr muss bei den sog. *deskriptiven Merkmalen* (das sind solche, die auf rein sinnlicher Ebene erfasst werden und Gegenstände der realen Welt beschreiben) nur deren *natürlicher Sinngehalt* erfasst worden sein.

Beispiel 27: Deskriptive Tatbestandsmerkmale sind: „Sache", „zerstören", „beschädigen" in § 303 I, „Verändern des Erscheinungsbildes" in § 303 II oder „töten" in § 212.

Bei *normativen Merkmalen* (das sind solche, die der Rechtssprache entliehen sind und daher rechtliche Wertungen beinhalten) muss der Täter nicht nur die Tatumstände kennen, sondern darüber hinaus den rechtlich-sozialen Bedeutungsgehalt des Tatumstandes (laienhaft) erfasst haben (sog. *Parallelwertung in der Laiensphäre*).

Beispiel 28: Normative Tatbestandsmerkmale sind z.B. „fremd" und „Sich-Zueignen" in § 246 sowie die „lebensgefährdende Behandlung" in § 224 I Nr. 5.

Folgende Strafbarkeitsvoraussetzungen gehören *nicht* zum gesetzlichen Tatbestand und müssen demnach auch nicht vom Vorsatz umfasst sein:

- die Rechtswidrigkeit der tatbestandsmäßigen Handlung (es sei denn, die Rechtswidrigkeit stellt ausnahmsweise ein Attribut des Tatbestands dar wie z.B. bei § 242)
- die objektiven Strafbarkeitsbedingungen (z.B. Tod oder schwere Körperverletzung bei § 231)
- die Voraussetzungen der Schuld
- persönliche Strafausschließungs- und Strafaufhebungsgründe
- die schwere Folge bei erfolgsqualifizierten Delikten (z.B. §§ 226, 251).

b) Das voluntative Element (Willenselement)

Der Täter muss neben der Wissensbeziehung nach herrschender Ansicht auch in einer *Wollensbeziehung* zu seiner Tat stehen. Er muss die von ihm erkannte Möglichkeit einer Tatbestandsverwirklichung in seinen Willen aufnehmen und sich für sie entscheiden, *sog. voluntatives Element.*

c) Erscheinungsformen des Vorsatzes

Es gibt drei verschiedene Erscheinungsformen des Vorsatzes:

aa) Absicht (dolus directus 1. Grades)

Diese Form ist durch die besondere Intensität des Täterwillens gekennzeichnet. Dem Täter muss es gerade auf die Verwirklichung des tatbestandsmäßigen Erfolgs als Ziel seines Handelns ankommen. **Kurz: Zielgerichteter Erfolgswille des Täters.** Auf der Wissensseite genügt bloßes Für-möglich-halten des Erfolgseintritts.

Beispiel 29: R will den B töten und durchtrennt an dessen völlig veraltetem Wagen die Bremsleitungen. Dabei weiß er nicht, ob der B diesen Wagen überhaupt noch benutzt.

bb) Direkter Vorsatz (dolus directus 2. Grades)

Diese Form ist durch die besondere Intensität des Wissenselements gekennzeichnet. Der Täter weiß oder sieht als sicher voraus, dass seine Tathandlung zur Tatbestandsverwirklichung führt, obwohl ihm die Auswirkung seines Tuns möglicherweise sogar unerwünscht ist. **Kurz: Wissen oder als sicher voraussehen.**

Beispiel 30: R zündet seine Scheune an, um die Versicherungssumme zu kassieren. Er weiß, dass der Landstreicher L stets in der Scheune übernachtet. R hat ihn auch an diesem Abend in die Scheune gehen sehen. L verbrennt.

cc) Bedingter Vorsatz (dolus eventualis=Eventualvors.)

Was genau der *Eventualvorsatz* voraussetzt, ist im Einzelnen umstritten und hängt davon ab, ob man auch eine Willenskomponente fordert:

- Nach der *Möglichkeits- und Wahrscheinlichkeitstheorie* genügt es für den Vorsatz bereits, wenn der Täter den Erfolg lediglich als möglich bzw. als wahrscheinlich voraussieht.

- Nach der herrschenden *Billigungs- bzw. Einwilligungstheorie* liegt Eventualvorsatz hingegen erst dann vor, wenn der Täter die Möglichkeit des Erfolges erkennt (Wissenselement) und sich mit dem Erfolg auch abfindet bzw. diesen billigend in Kauf nimmt (Wollenselement), auch wenn er dem Täter höchst unerwünscht ist. Der Täter sagt sich *„Na, wenn schon"*, weiß also von dem möglichen Erfolg und nimmt ihn hin.

Beispiel 31: In *Beispiel 30* ist R sich nicht sicher, ob der Landstreicher L sich in der Scheune aufhält und durch das Anzünden der Scheune möglicherweise ums Leben kommt. R sagt sich: „Wen interessiert schon so ein Landstreicher. Wenn er sich in der Scheune aufhält, hat er eben Pech gehabt!". Hier liegt Eventualvorsatz vor.

Abzugrenzen ist der Eventualvorsatz von der *bewussten Fahrlässigkeit*. Bewusste Fahrlässigkeit liegt dann vor, wenn der Täter darauf vertraut, dass der Erfolg nicht eintritt, er also ernsthaft (und nicht nur vage) auf das Ausbleiben des Erfolgs hofft. Bildlich gesprochen sagt sich der Täter in etwa: *„Es wird schon gut gehen!"*.

Beispiel 32: Bevor der R die Scheune in Brand steckt, sucht er sie nach dem L ab. Nachdem er ihn nirgendwo gefunden hat, steckt er die Scheune in Brand. L verbrennt. Hier liegt lediglich bewusste Fahrlässigkeit vor; sofern der Täter den Erfolgseintritt für gänzlich ausgeschlossen hielt, liegt sogar nur unbewusste Fahrlässigkeit vor.

	Wissen	Wollen
Absicht/ dolus directus 1. Grades	Möglichkeit zumindest erkannt	Erfolgswille
Direkter Vorsatz/ dolus directus 2. Grades	Wissen oder sicher voraussehen	
Eventualvorsatz/ dolus eventualis	Möglichkeit erkannt	billigend in Kauf nehmen
Bewusste Fahrlässigkeit	Möglichkeit erkannt	Vertrauen auf Nichteintritt

2. Sonstige subjektive Tatbestandsmerkmale

Neben dem Vorsatz verlangen einige Straftatbestände weitere besondere subjektive Tatbestandsmerkmale. Sie sind Bestandteile des subjektiven Tatbestandes, stehen als Merkmale eigenständigen Charakters neben dem Tatbestandsvorsatz und werden nach diesem geprüft. Delikte, die über den Tatbestandsvorsatz hinausgehende Absichtsmerkmale fordern, werden daher auch als Delikte mit *„überschießender Innentendenz"* oder als „kupierte („abgeschnittene") Erfolgsdelikte" bezeichnet.

Beispiel 33: Beim Diebstahl (§ 242) genügt *für die Wegnahme* einer fremden beweglichen Sache zwar die Vorsatzform Eventualvorsatz. Für die angestrebte rechtswidrige (Dritt-) *Zueignung* ist jedoch *Absicht* erforderlich. Die Zueignung muss nicht erfolgt sein, es genügt vielmehr, wenn der Täter nur die *Absicht* hatte. Entsprechend muss beim Betrug nach § 263 eine (Dritt-) *Bereicherung* nicht tatsächlich eingetreten sein, gleichwohl muss diesbezüglich dolus directus 1. Grades beim Täter vorliegen.

▶ Literatur zu dieser Lektion

📖 Skript **Standardfälle Strafrecht für Anfänger, Band 1**, Fälle 1,2,3

📖 Skript **Standardfälle Strafrecht für Anfänger, Band 2**, Fall 2

📖 Puppe, **Jura** 1997, 408, 513, 624 (sehr ausführliche Grundfälle)

📖 v.Heintschel-Heinegg, **JA** 1994, 31, 126, 213 (Kurzdarstellung)

📖 Otto, **Jura** 1992, 90 (Grundfälle)

Lektion 2: Die Rechtswidrigkeit

Die Rechtswidrigkeit der Tat entfällt (abgesehen vom Fall fehlender Verwerflichkeit bei offenen Tatbeständen) dann, wenn dem Täter ein **Rechtfertigungsgrund** zur Seite steht.

B. Rechtswidrigkeit

Die wichtigsten Rechtfertigungsgründe sind:
I. Die Notwehr, § 32 StGB
II. Der Notstand
    1. Der Defensivnotstand, § 228 BGB
    2. Der Aggressivnotstand, § 904 BGB
    3. Der rechtfertigende Notstand, § 34 StGB
    (4. Spezielle Notstände wie § 218a II, III StGB)
III. Das Festnahmerecht, § 127 StPO
IV. Die rechtfertigende Einwilligung
V. Die mutmaßliche rechtfertigende Einwilligung

I. Die Notwehr, § 32

Prüfungsschema: Die Notwehr, § 32

1. Notwehrlage: Gegenwärtiger, rechtswidriger Angriff, d. h.
  a) Angriff auf ein notwehrfähiges Rechtsgut des *Täters* o.
     eines *Dritten* (dann: Nothilfe gemäß § 32 II, 2. Alt.)
  b) Gegenwärtigkeit des Angriffs
  c) Rechtswidrigkeit des Angriffs
2. Notwehrhandlung
  a) Erforderlichkeit der Verteidigungshandlung
       aa) Geeignetheit, d. h. Verteidigungshandlung
            nicht von vornherein aussichtslos
       bb) Relativ mildestes Mittel, d. h. unter mehreren
            gleich geeigneten Mitteln ist das schonendste
            zu wählen; eine *Güterabwägung* bzgl.
            angegriffenem und verletztem Rechtsgut findet
            aber *nicht* statt!
  b) Gebotenheit der Notwehr (§ 32 I): mögl. Einschränk-
     ungen des Notwehrrechts
3. Verteidigungswille (subjektives Rechtfertigungselement)

Beispiel 1: R will X töten, um ihn auszurauben. Als er mit gezogenem Messer auf R stürmt, um ihn zu erstechen, zieht X in letzter Sekunde seine Pistole und schießt R nieder. Auf andere Weise hätte X den Angriff nicht abwenden können. R stirbt. Hat X sich wegen Totschlags nach § 212 strafbar gemacht?

Lösung: X hat zwar den Tatbestand des § 212 I erfüllt, handelte aber gerechtfertigt wegen Notwehr nach § 32 II, 1. Alt., so dass die Rechtswidrigkeit seiner Tat entfällt. X hat sich also nicht nach § 212 strafbar gemacht.

Die Notwehr lässt sich auf zwei Grundgedanken stützen, nämlich auf das

1. **Schutzprinzip**, d. h. Verteidigung von Rechtsgütern des Täters oder eines Dritten gegen rechtswidrige Angriffe bei fehlender Möglichkeit, rechtzeitige staatliche Hilfe in Anspruch zu nehmen;

2. **Rechtsbewährungsprinzip**, Schutz der Rechtsordnung: **„Recht braucht dem Unrecht nicht zu weichen!"**

1. Die **Notwehrlage** besteht aus einem gegenwärtigen rechtswidrigen Angriff.

a) Ein **Angriff** ist jedes willensgetragene menschliche Verhalten, durch das eine Verletzung rechtlich geschützter Interessen droht. Tierangriffe scheiden aus, es sei denn, ein Tier wird (wie eine gewöhnliche Waffe) als Angriffsmittel eines Menschen eingesetzt. **Notwehrfähig** ist jedes Individualrechtsgut (z. B. Leib, Leben, Freiheit, Ehre, Hausrecht, Eigentum oder Besitz). Rechtsgüter der Allgemeinheit sind dagegen grundsätzlich nicht notwehrfähig.

b) Gegenwärtig ist ein Angriff, wenn er aus objektiver Sicht unmittelbar bevorsteht, bereits begonnen hat oder noch fortdauert.

Beispiel 2: A verprügelt den B. Dann läuft A weg. B läuft hinter dem A her und ersticht A mit seinem Messer. Ist B aus Notwehr gerechtfertigt?

Lösung: Da der A weggelaufen war, war sein Angriff auf die körperliche Integrität des B bereits abgeschlossen und damit nicht mehr *gegenwärtig*. Daher ist das Erstechen nicht durch Notwehr gerechtfertigt.

c) Ein **rechtswidriger** Angriff liegt vor, wenn das Verhalten des Angreifers gegen die Rechtsordnung verstößt, d.h., wenn der Angreifer zu seinem Handeln nicht befugt ist. Dabei muss nicht unbedingt gerade gegen die Strafrechtsordnung verstoßen werden; auch die unbefugte Gebrauchsanmaßung außerhalb strafrechtlicher Vorschriften wie §§ 248b, 290 stellt Unrecht dar, gegen das mit Notwehr vorgegangen werden kann.

2. Notwehrhandlung

Die Notwehr darf sich nur *gegen den Angreifer* richten. Die Verletzung von Rechtsgütern unbeteiligter Dritter ist außer in Fällen der sog. „Drittwirkung der Notwehr" nicht von § 32 umfasst (dann ggf. §§ 34, 35 StGB, § 904 BGB prüfen!).

a) Erforderlich ist diejenige Verteidigungshandlung, die einerseits die *sofortige, endgültige Abwendung* des Angriffs gewährleistet, andererseits das *relativ mildeste* Verteidigungsmittel darstellt. Stehen mehrere, gleich geeignete Abwehrmittel zur Verfügung, ist also das mildeste von diesen auszuwählen.

Beispiel 3: R will den X verprügeln. X hat folgende Abwehrmöglichkeiten, um den Angriff sofort und endgültig zu beenden: Er ist Judokämpfer und besitzt den schwarzen Gürtel, könnte R mit einem Griff daher problem- und gefahrlos „schachmatt" setzen. Er könnte dem R mit seiner Pistole ins Bein schießen. Er könnte den R aber auch durch einen Schuss in die Brust töten. X muss hier zu seiner Verteidigung das relativ mildeste Mittel, nämlich den Judogriff anwenden.

aa) Geeignet ist ein Mittel schon dann, wenn es im Hinblick auf die Abwendung des Angriffserfolgs nicht völlig aussichtslos ist.

bb) Es ist allein auf das Verhältnis *von Angriffs- und Verteidigungsmittel* abzustellen: je schwerwiegender der Angriff, desto „mehr" ist die Verteidigung erforderlich! Es findet jedoch **keine Güterabwägung** statt. Folglich kann auch die Verletzung oder nach herrschender Meinung sogar die Tötung eines Menschen bei der Verteidigung von Sachwerten (im Rahmen der Gebotenheit) zulässig sein. Außerdem trifft den Angegriffenen wegen des der Notwehr immanenten Rechtsbewahrungsprinzips grundsätzlich *keine* Ausweichpflicht!

Beispiel 4: R will dem Sportschützen X die Brieftasche entreißen. Da X dem R körperlich unterlegen ist, sieht er nur eine Möglichkeit, um seine Brieftasche zu retten: Er schießt dem R mit seiner Pistole in den Bauch. R wird dadurch schwer verletzt. Hat X sich wegen gefährlicher Körperverletzung nach §§ 223, 224 I Nr. 2 strafbar gemacht?

Lösung: Die Rechtswidrigkeit der Tat des X entfällt wegen Notwehr nach § 32 II, 1. Alt.. X war dem R körperlich unterlegen und hatte daher keine andere Verteidigungsmöglichkeit. Dass X durch den Schuss auf R nur seine Brieftasche retten wollte, ändert nichts an der *Erforderlichkeit* der Notwehrhandlung. Beim „schneidigen" Notwehrrecht kommt es auf eine Abwägung zwischen verletztem Rechtsgut (hier: Körper des R) und geschütztem Rechtsgut (hier: Brieftasche des X) grds. nicht an! (Anm.: Hätte X den R töten müssen, um einen geringen Geldbetrag von z.B. einem Euro zu sichern, so wäre die Gebotenheit kontroverser zu diskutieren!).

b) Gebotenheit: Da keine Güterabwägung stattfindet, ist das Notwehrrecht dort wieder einzuschränken, wo es *rechtsmissbräuchlich* wäre. Im Wesentlichen lassen sich folgende Fallgruppen unterscheiden:

aa) Grundsätzlich *kein* Notwehrrecht besteht bei

- *Bagatellangriffen* (z.B. Anleuchten mit einer Taschenlampe; dann nur proportionale Verteidigung zulässig);
- einem *krassen Missverhältnis* zwischen der aus dem Angriff drohenden Verletzung und den Folgen der Verteidigung.

> **Beispiel 5:** Ein gelähmter Bauer schießt ein Kind aus dem Kirschbaum, das seine Kirschen stehlen wollte. Das bedrohte Rechtsgut (Kirschen) steht in einem krassen Verhältnis zu dem verletzten Rechtsgut (Leben des Kindes).

bb) Eine *Beschränkung* des Notwehrrechts gilt bei

- Angriffen von *schuldlos Handelnden* (Kindern, geistig Behinderten, Betrunkenen) oder *Irrenden*
- Angriffen unter Personen mit *engen persönlichen Beziehungen* (z.B. Eheleuten)

In diesen beiden Fällen fehlt es mangels eines Rechtsbewahrungsinteresses an der Gebotenheit im Sinn des § 32 I.

- *Verursachung der Notwehrlage,* d.h. bei vorwerfbarer Herbeiführung einer Notwehrlage durch rechtswidriges Vorverhalten. Ein Sonderfall ist die sogenannte *Absichtsprovokation.* Hier hat der Angegriffene die Notwehrlage herbeigeführt, um unter dem Deckmantel des Notwehrrechts den Angreifer zu verletzen. Bei der Absichtsprovokation ist eine Berufung auf Notwehr nach h.M. gänzlich ausgeschlossen, weil der Provokateur nicht mehr Repräsentant der Rechtsordnung ist.

Inwiefern ist das Notwehrrecht in den unter **bb)** genannten Fällen eingeschränkt? Die Einschränkung besteht darin, dass der Angegriffene zunächst versuchen muss, *auszuweichen* bzw. zu *flüchten* oder Hilfe von Dritten zu erhalten. Ist dies nicht möglich, muss der Angegriffene sich mit schonender *Schutzwehr*, also passiver Abwehr und wenn auch dies nicht möglich ist, mit maßvoller *Trutzwehr*, d.h. mit einem Gegenangriff verteidigen. Er darf also nicht wie sonst bei der Notwehr zu dem Mittel greifen, das den Angriff sofort und endgültig beendet.

Anmerkung: Strittig ist jedoch, ob ein angegriffener Ehegatte zunächst leichtere Körperverletzungen in Kauf nehmen muss, bevor er vom Notwehrrecht vollumfänglich Gebrauch machen darf.

Beispiel 6: R pfeift laut und falsch. Er hofft, X werde versuchen, ihn mit Gewalt zum Schweigen zu bringen, so dass R diese Situation ausnutzen kann. X wird tatsächlich gewalttätig und R kann die drohenden Verletzungen nur durch Messerstiche abwehren. Ist er gemäß § 32 II, 1. Alt. gerechtfertigt?

Lösung: Nach h. M. kann sich R nicht auf Notwehr berufen, da er selbst der Angreifer sei. Der Angriff des Provozierten bleibt zwar rechtswidrig, jedoch ist die Notwehr rechtsmissbräuchlich. Hier handelt es sich nämlich um eine sog. *Absichtsprovokation*, d. h. ein Angriff wird absichtlich provoziert, um den anderen unter dem Deckmantel der Notwehr zu verletzen (Fall des Rechtsmissbrauchs). Vertreten lässt sich jedoch auch, dass X das vergleichsweise harmlose sozialabweichende Verhalten des R hätte ertragen müssen.

Wird dagegen eine Notwehrsituation zwar *vorwerfbar,* aber nicht *absichtlich* herbeigeführt, so ist das Notwehrrecht nicht ausgeschlossen, sondern nur *eingeschränkt.* Der Angegriffene muss sich dann bis zur Grenze des Zumutbaren auf defensive Verteidigungshandlungen beschränken oder ausnahmsweise dem Angriff sogar ausweichen.

3. Letzte Voraussetzung der Notwehr ist nach h.M., dass der Täter **Verteidigungswillen** besitzt. Dazu muss er jedenfalls in Kenntnis der Rechtfertigungssituation handeln. Weitergehend wird z.T. gefordert, dass der Täter gerade aufgrund der Rechtfertigungssituation handeln muss.

II. Der Notstand, § 34 StGB, §§ 228, 904 BGB

Als *Notstand* bezeichnet man allgemein einen Zustand gegenwärtiger (Dauer-) Gefahr für rechtlich geschützte Interessen, dessen Abwendung nur auf Kosten fremder Interessen möglich ist. Die zivilrechtlichen Notstandsregeln der §§ 228, 904 BGB regeln Spezialfälle des rechtfertigenden Notstands. Sie sind deshalb bei denkbarer Einschlägigkeit im konkreten Fall *vor* dem (allgemeinen) rechtfertigenden Notstand des § 34 StGB zu prüfen. Aus diesem Grund werden zunächst beide Notstände aus dem BGB dargestellt, ehe § 34 behandelt wird.

1. Der Defensivnotstand, § 228 BGB

Prüfungsschema: Defensivnotstand, § 228 BGB

---

a) Notstandslage
aa) Drohende Gefahr für ein notstandsfähiges Rechtsgut d. Täters (oder eines *Dritten* -> dann: *Notstandshilfe*)
bb) Gefahr geht von fremder Sache aus
b) Notstandshandlung
aa) Beschädigung oder Zerstörung der Sache, von der die Gefahr ausgeht
bb) Erforderlichkeit der Notstandshandlung
    (1) Geeignetheit
    (2) Relativ mildestes Mittel
cc) Notstandshandlung nicht unverhältnismäßig, d. h. der Sachschaden steht nicht außer Verhältnis zur Gefahr
c) Gefahrabwendungswille

Beispiel 7: R wird von dem herumstreunenden Hund des X angegriffen. R erschlägt den Hund, indem er mit einem Baseballschläger auf dessen Schädel schlägt. Eine andere Möglichkeit zur Abwehr hatte er nicht. Hat R sich wegen Sachbeschädigung nach § 303 strafbar gemacht?

Lösung: Eine Rechtfertigung wegen *Notwehr* scheidet aus, da § 32 II den Angriff eines *Menschen* voraussetzt. Dieser läge nur vor, wenn X den Hund auf R *gehetzt*, ihn also als „Waffe" verwendet hätte. R ist jedoch nach § 228 BGB gerechtfertigt, eine Strafbarkeit nach § 303 I ist also nicht gegeben.

Im Rahmen des Verteidigungsnotstands gemäß **§ 228 BGB** verteidigt sich der Täter durch die Einwirkung auf gerade die Sache, *von der die Gefahr droht.* § 228 ist daher spezieller gegenüber § 34, weil die Norm des BGB nur Gefahren erfasst, die von einer Sache ausgehen, während § 34 alle Gefahren erfasst.

Grundgedanke des § 228 ist, dass die Schutzinteressen des Bedrohten höher zu bewerten sind als das Interesse des Eigentümers an der Erhaltung einer Sache, deren Zustand andere gefährdet und zu Abwehrmaßnahmen zwingt.

a) Notstandslage

aa) Notstandsfähig sind Rechtsgüter jeder Art. **Gefahr** bedeutet die Wahrscheinlichkeit eines Schadenseintritts oder einer Schadensintensivierung (objektive ex ante Sicht). **Drohend** ist die Gefahr, wenn ein sofortiger Handlungsbedarf besteht.

bb) Fremd ist die Sache, wenn sie im (Mit-) Eigentum eines anderen steht, d.h. wenn sie - negativ formuliert - nicht im Alleineigentum des Täters steht.

b) Notstandshandlung

aa) Es muss eine Sache **beschädigt** oder **zerstört** werden, von der die Gefahr ausgeht.

bb) Die **Erforderlichkeit** setzt wie bei § 32 die Eignung des Mittels und die Wahl des relativ mildesten der gleichwertigen Mittel voraus. Im Gegensatz zur Notwehr ist jedoch auch von einer bestehenden Ausweichmöglichkeit Gebrauch zu machen.

cc) Abwägung: Das geschützte Rechtsgut darf nicht wesentlich weniger wert sein als die beeinträchtigte Sache. Kriterien für diese Güterabwägung sind:

- Das *Rangverhältnis* zwischen dem Eingriffsgut und dem Erhaltungsgut: Personenwerte stehen im Rang höher als Sachwerte, innerhalb der Personenwerte steht das Leben höher als die Gesundheit.

- *Intensität* und *Umfang* des drohenden Schadens: Ein leichter Eingriff in Personenwerte kann zugunsten hoher Sachwerte hingenommen werden.

Beispiel 8: Greift ein kleiner Pekinesen-Hund (ca. 25 cm groß, Wert 1.000 Euro) einen Menschen an, von dem jedoch allenfalls die Gefahr eines zerrissenen Hosenbeins ausgeht, so ist ein Totschlagen des Tieres nicht von § 228 gedeckt.

c) Gefahrabwendungswille: Der Täter muss in Kenntnis der ihn rechtfertigenden Umstände und mit dem **Willen** zur Gefahrenabwehr handeln.

2. Der Aggressivnotstand, § 904 BGB

Im Gegensatz zu § 228 BGB erlaubt das Recht im Falle des Aggressivnotstandes die Einwirkung auf solche Sachen, die zu der Gefahrenquelle in *keinerlei Beziehung* stehen. § 904 BGB ist gegenüber § 34 spezieller, weil er nur Handlungen erfasst, die sich gegen Sachen richten, während § 34 alle Abwehrhandlungen erfasst. § 904 BGB normiert also die Pflicht des Eigentümers einer Sache, Eingriffe in sein Eigentum zu dulden.

Jedoch muss hier die Güterabwägung noch eindeutiger als bei § 228 BGB zugunsten des von der Gefahr bedrohten Rechtsgutes ausfallen, weil hier eben auf eine Sache zurückgegriffen wird, die mit der Gefährdung *nichts zu tun hat*. Die Abwägung ist damit weniger großzügig als bei § 228 BGB.

Prüfungsschema: Aggressivnotstand, § 904 BGB

---

a) Notstandslage:
aa) Gefahr für ein notstandsfähiges Rechtsgut des Täters (oder
   eines *Dritten* -> dann: Notstandshilfe)
bb) Gegenwärtigkeit der Gefahr
b) Notstandshandlung:
aa) Einwirkung (z. B. Beschädigung, eigenmächtiger Gebrauch)
   auf irgendeine fremde Sache, von der *keine* Gefahr ausgeht
bb) Notwendigkeit der Notstandshandlung (Erforderlichkeit)
      (1) Geeignetheit
      (2) Relativ mildestes Mittel
cc) Verhältnismäßigkeit, d. h. der drohende Schaden wäre unverhältnismäßig groß gegenüber dem durch die Einwirkung ent-
   stehenden Sachschaden
c) Gefahrabwendungswille (subj. Rechtfertigungselement)

Beispiel 9: R und X geraten in einer Kneipe in Streit. R, der dem X körperlich weit überlegen ist beginnt, auf diesen einzuschlagen. X kann die
Angriffe nur dadurch beenden, indem er einen dem Wirt der Gaststätte
gehörenden *Bierkrug* ergreift und den R damit kampfunfähig schlägt. Der
Krug geht dabei zu Bruch. Hat X sich wegen Sachbeschädigung am Krug
nach § 303 I strafbar gemacht?

Lösung: X ist nach § 904 BGB gerechtfertigt, so dass eine Strafbarkeit
nach § 303 I ausscheidet.

a) Notstandslage

aa) Es muss eine **Gefahr** für ein notstandsfähiges Rechtsgut bestehen.
bb) Gegenwärtig ist die Gefahr, wenn sie alsbald in ein
schädigendes Ereignis umschlagen oder ein absehbarer
künftiger Schaden nur durch sofortiges Handeln abgewendet werden kann (Dauergefahr).

b) Notstandshandlung

aa) Der Täter wirkt auf eine fremde Sache ein, von der die
Gefahr *nicht* ausgeht.
bb) Die Notstandshandlung ist **erforderlich.**
cc) Das Gebot der **Verhältnismäßigkeit** fordert, dass der
drohende Schaden gegenüber dem Schaden, der dem

Eigentümer entsteht, *unverhältnismäßig groß* ist. Die Kriterien für die Güterabwägung in § 228 BGB gelten auch für § 904.

c) Gefahrabwehrwille: Der Täter muss in Kenntnis der ihn rechtfertigenden Umstände und mit dem **Willen** zur Gefahrenabwehr handeln.

3. Der rechtfertigende Notstand, § 34

Prüfungsschema: Notstand, § 34 StGB

---

a) Notstandslage: gegenwärtige Gefahr für ein notstandsfähiges Rechtsgut des Täters oder eines *Dritten* (dann: Notstandshilfe), grds. auch für Rechtsgüter der Allgemeinheit

b) Notstandshandlung: erforderliche Rettungshandlung, auch gegen Unbeteiligte, d. h.

aa) Erforderlichkeit der Rettungshandlung (Gefahr nicht anders abwendbar)

    (1) Geeignetheit (erfolgreiche Gefahrabwehr nicht ganz unwahrscheinlich)

    (2) Relativ mildestes Mittel. Mangels Rechtsbewährung ist Ausweichmöglichkeit oder (polizeiliche) Hilfe vorrangig in Anspruch zu nehmen

bb) Güter- und Interessenabwägung: wesentliches Überwiegen des geschützten Interesses (eindeutiger Wertüberhang)

cc) Angemessenheit (§ 34 S. 2)

c) Gefahrenabwendungswille (subj. Rechtfertigungselement)

Beispiel 10: Anhalter A lässt sich in den Alpen von dem Autofahrer B mitnehmen. Als dieser kurz darauf einen Herzinfarkt erleidet, fährt A, der keine Telefonmöglichkeit hat, den Wagen sicher bis zum nächsten Krankenhaus, obwohl er keine Fahrerlaubnis besitzt. Hat A sich nach § 21 I Nr. 1 StVG wegen Fahrens ohne Fahrerlaubnis strafbar gemacht?

Lösung: A ist nach § 34 gerechtfertigt, so dass eine Strafbarkeit nach § 21 I Nr. 1 StVG ausscheidet.

a) Notstandslage

Notstandsfähig sind Rechtsgüter des Einzelnen und der Allgemeinheit, soweit sie in der konkreten Situation schutzbedürftig und -würdig sind. Zur Definition der „Gefahr" und der

34

„Gegenwärtigkeit" siehe Schema zu § 228 BGB bzw. § 904 BGB, Seite 29 ff.

b) Notstandshandlung

aa) Die Notstandshandlung muss objektiv **erforderlich** sein (maßgeblich dafür ist die ex-ante Sicht).

bb) Das geschützte Rechtsgut muss das beeinträchtigte Rechtsgut *wesentlich überwiegen.*

In *Beispiel 10* überwiegt das Interesse des erkrankten B wesentlich das-jenige der Allgemeinheit am Schutz vor Kraftfahrern, denen die Fahrer-laubnis fehlt.

Erforderlich ist eine **Gesamtbewertung.** Dabei sind zu be-rücksichtigen:

(1) Das *Rangverhältnis* der betroffenen Rechtsgüter, wobei jedoch eine Abwägung „Leben gegen Leben" stets unzu-lässig ist;

(2) Die dem Eingriffsgut drohenden *Gefahren*, insbesondere Umfang und Wahrscheinlichkeit des Schadens (Gefahren-vergleich).

Beispiel 11: Eine leichte Trunkenheitsfahrt ist als Notstandshandlung gerechtfertigt, wenn dadurch eine konkrete Lebensgefahr abgewendet wird.

(3) Die Größe der *Rettungschancen;*

(4) Der vom Täter verfolgte *Endzweck.*

cc) Nach Satz 2 des § 34 ist zu fordern, dass die Tat ein **an-gemessenes Mittel** zur Abwendung der Gefahr ist. Damit sind die rechts- und sozialethischen Schranken gemeint (tendenziell vergleichbar also mit der Gebotenheit im Sinn des § 32 I). Folgende Fallgruppen wurden gebildet, bei denen die Tat *nicht angemessen* und damit *nicht* nach § 34 gerechtfertigt ist:

(1) Verstoß gegen *überwiegende Interessen* des Staates.

Beispiel 12: X, der zu Unrecht im Gefängnis sitzt, schlägt den Wärter W nieder, um aus dem Gefängnis zu entkommen. X hätte gerichtlichen Rechtsschutz in Anspruch nehmen müssen.

(2) Besondere *Duldungspflichten* des Täters, z.B. als Polizist.

(3) Eingriffe in *unantastbare Freiheitsrechte* des Betroffenen.

Beispiel 13: Wegen den Art. 1, 2 GG besteht kein Zwang zur Blutspende, außer wenn das Opfer in einer engen Beziehung (i. S. e. Garantenpflicht) zu dem Hilfsbedürftigen steht, z.B. Ehegatten, Eltern, Kinder.

III. Das Festnahmerecht, § 127 I 1 StPO

Diese Vorschrift gewährt *jedermann* das Recht, unter bestimmten Voraussetzungen einen Täter vorläufig festzunehmen.

Beispiel 14: R verfolgt den X, da er ihn beim Diebstahl einer Vase aus dem Garten beobachtet hat. Er bekommt ihn zu fassen. X will seinen Naen nicht sagen und versucht, sich loszureißen. Daraufhin hält ihn der körerlich überlegene R an den Armen fest und sperrt ihn ein, bis die Polizei vor Ort ist. Hat R sich wegen Freiheitsberaubung nach § 239 I strafbar gemacht?

Lösung: R ist gerechtfertigt nach § 127 I StPO und hat sich daher nicht wegen Freiheitsberaubung gemäß § 239 I strafbar gemacht.

Prüfungsschema: Festnahmerecht, § 127 I 1 StPO

1. **Festnahmesituation**: Der Täter muss auf frischer Tat betroffen oder verfolgt worden sein.
2. **Festnahmegrund**, d. h. Fluchtverdacht (Entziehung der Strafverfolgung) oder Unmöglichkeit sofortiger Identitätsfeststellung
3. **Verhältnismäßigkeit** (ungeschriebenes Merkmal)
4. Handeln in **Festnahmeabsicht** (subj. Rechtfertigungselement)

36

1. Auf **frischer Tat** betroffen ist, wer bei Begehung der Tat oder unmittelbar danach am Tatort oder in unmittelbarer Nähe des Tatorts gestellt wird (räumlich-zeitliche Komponente). Bei der **Verfolgung** auf frischer Tat müssen sichere Anhaltspunkte auf den Täter hinweisen und vor allem muss die Verfolgung zum Zweck seiner Ergreifung aufgenommen werden.

Streitig ist, ob eine Straftat **objektiv festgestellt** werden muss (so die herrschende Literatur) oder ob schon **dringender Tatverdacht** genügt (Meinung der Rspr.). Dringender Tatverdacht besteht, wenn sich nach den äußeren, erkennbaren Umständen für den verständigen Beobachter eine Straftat aufdrängt. In der Klausur ist dieser Streit oft unbeachtlich, da meistens eine Straftat tatsächlich vorliegt.

---

2. Festnahmegründe sind der *Fluchtverdacht* oder die *Unmöglichkeit sofortiger Identitätsfeststellung.*

3. Verhältnismäßigkeit: Das Mittel der Festnahme muss in Relation zu den eintretenden Folgen geeignet, erforderlich (mildestes Mittel) und angemessen sein.

Zwar sind leichte Körperverletzungen, die beim Festgenommenen durch die Festnahme entstehen (z.B. Hautrötungen oder Schmerzen als Folge des Festhaltens) noch als *verhältnismäßig* anzusehen. Alle weiteren Körperverletzungen, z.B. Ohrfeigen, Tritte, Schläge etc. oder gar Schüsse sind aber nicht mehr von § 127 I 1 StPO gedeckt.

---

4. In subjektiver Hinsicht ist die **Kenntnis** der Festnahmesituation und **Absicht**, den Täter der Strafverfolgung zuzuführen, erforderlich.

IV. Die rechtfertigende Einwilligung (gesetzlich nicht geregelt)

Zunächst muss zwischen *tatbestandsausschließendem Einverständnis* und *rechtfertigender Einwilligung* unterschieden werden. Unter einem **Einverständnis** versteht man eine Zustimmung des Verletzten zur Rechtsgutsbeeinträchtigung, die schon den *Tatbestand* ausschließt. Dies kommt bei Tatbeständen in Betracht, die ein Handeln *gegen* oder *ohne* den Willen des Rechtsgutinhabers voraussetzen.

Beispiel 15: „Eindringen" in § 123 erfordert gerade ein Handeln *gegen* den Willen des Hausrechtsinhabers; die „Freiheitsberaubung" in 239 muss *gegen* den Willen des Festgehaltenen erfolgen; Gleiches gilt für die „Wegnahme" in § 242 (Diebstahl). Liegt hier jeweils ein Einverständnis vor, dann fehlt es z. B. bei § 242 an der Wegnahme, da ja kein Handeln gegen den Willen des Betroffenen vorliegt. Ausnahmsweise ergibt sich schon aus der Gesetzesformulierung selbst, dass ein Handeln gegen den Willen des Berechtigten notwendig ist (so bei § 248b). Das bedeutet jeweils: Der Täter handelt bereits nicht tatbestandsmäßig!

Demgegenüber setzt die **Einwilligung** aber gerade voraus, dass der objektive Tatbestand vorliegt. Wenn also das Handeln des Täters gegen oder ohne den Willen des Verletzten *kein* Tatbestandsmerkmal ist, dann kommt nur eine rechtfertigende Einwilligung in Betracht!

Beispiel 16: Bei der Körperverletzung (§ 223) ist ein Handeln gegen den Willen des Verletzten kein Tatbestandsmerkmal. Hier kommt also eine rechtfertigende Einwilligung als *Rechtfertigungsgrund* in Betracht.

Einverständnis		**Einwilligung**
-> schließt Tatbestand aus,	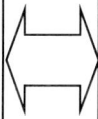	-> schließt Rechtswidrigkeit aus,
z.B. bei §§ 123, 239, 242		z.B. bei §§ 223, 303

Während das tatbestandsausschließende Einverständnis auf die natürliche Willensfähigkeit des Betroffenen abstellt, hängt die Einwilligungsfähigkeit von der Verstandsreife des Einwilligenden ab. Beiden Rechtsinstituten steht also je

38

nach Einzelfall die Minderjährigkeit des Betroffenen nicht im Weg. Ferner liegt das Einverständnis bereits bei bloßer *innerer Zustimmung* vor, es braucht also nicht nach außen erkennbar erklärt werden. Auch bloßes Geschehenlassen und passives Erdulden genügt. Die Einwilligung muss dagegen nach der herrschenden Willenserklärungstheorie ausdrücklich oder konkludent erklärt werden!

Prüfungsschema: Rechtfertigende Einwilligung

1. Der Einwilligende ist **alleiniger Inhaber** des verletzten Rechtsguts. Zulässig ist die Einwilligung nur bei Individualrechtsgütern, dagegen nicht bei Rechtsgütern der Allgemeinheit. Das Rechtsgut muss also zur *Disposition* des Verfügenden stehen. Weiterhin darf die Einwilligung **nicht sittenwidrig** gemäß **§ 228** sein, wobei die Anwendbarkeit des § 228 auf Einwilligungen außerhalb der Körperverletzungtatbestände umstritten ist.
2. **Einwilligungserklärung**
   Die Einwilligung muss vor der Tat nach außen kundgegeben sein (auch konkludent) und im Zeitpunkt der Tat noch fortbestehen.
3. **Wirksamkeit**
   a) Die **Einwilligungsfähigkeit** des Einwilligenden bestimmt sich nach seiner geistigen und sittlichen Reife. Die Geschäftsfähigkeit ist irrelevant, maßgebend ist nur die *natürliche Verstandsreife* und *Urteilsfähigkeit*. Lediglich bei Vermögensdelikten nimmt eine Mindermeinung die analoge Geltung der §§ 107 ff BGB als Maßstab an. Ggf. ist die Zustimmung des gesetzlichen Vertreters einzuholen.
   b) Es dürfen **keine Willensmängel** vorliegen, d. h. die Einwilligung muss *ernstlich* (im Gegensatz zur Scherz- oder Scheinerklärung), *bewusst* (also nicht durch Täuschung oder Erschleichen) und *freiwillig* (nicht durch Gewalt oder Drohung motiviert) abgegeben worden sein.
4. **Kenntnis** der Einwilligung (subj. Rechtfertigungselement): Der Täter muss in Kenntnis und aufgrund der Einwilligung handeln; tut er dies nicht, ist zwar die Einwilligung wirksam, der Täter macht sich jedoch je nach Ansicht wegen vollendeter oder versuchter Tat strafbar.

Beispiel 17: Jurastudent J hat seine Autotür verriegelt zugeschlagen, unglücklicherweise aber den Schlüssel auf dem Sitz liegen lassen. Sein Freund T sagt zu ihm, dass er den Schlüssel nur schnell wiederbekomme, wenn die Scheibe eingeschlagen wird. J ist einverstanden und T schlägt die Scheibe ein. Als J seinen Schlüssel wieder hat, zeigt er seinen Freund wegen Sachbeschädigung an. Hat T sich nach § 303 I strafbar gemacht?

Lösung: T ist durch die rechtfertigende Einwilligung des J gerechtfertigt, so dass eine Strafbarkeit nach § 303 I entfällt.

Beispiel 18: Operiert ein Arzt einen Patienten, der vorab eingewilligt hat, so liegt nach der Rspr. zwar eine tatbestandsmäßige Körperverletzung (§ 223) vor. Diese ist im Regelfall jedoch aufgrund der Einwilligung des Patienten gerechtfertigt. Wurde der Patient allerdings nicht ausreichend vom Arzt *aufgeklärt*, so ist die Einwilligung unwirksam. Der Arzt macht sich dann strafbar (§ 223), es sei denn, es liegt eine *hypothetische Einwilligung* vor (siehe unten).

V. Die mutmaßliche rechtfertigende Einwilligung

Die mutmaßliche Einwilligung kommt in Betracht, wenn eine wirksame Einwilligung nicht eingeholt werden kann, die Sachlage jedoch den Schluss zulässt, dass der Rechtsgutsträger seine Zustimmung erteilt hätte. Erfasst ist also ein **Handeln im Interesse des Betroffenen**.

Beispiel 19: Als Handeln im Interesse des Betroffenen gilt z.B. die Operation eines *bewusstlosen* Unfallopfers. Die damit verbundene Körperverletzung (§ 223 I) ist wegen mutmaßlicher rechtfertigender Einwilligung nicht rechtswidrig.

Beispiel 20: Hauseigentümer H ist verreist. Im Keller platzt sein Waschmaschinenschlauch. Nachbar N sieht durch das Fenster das Wasser auslaufen, bricht die Türe auf und stellt das Wasser ab. Die tatbestandsmäßige Sachbeschädigung (§ 303 I) an der Tür ist wegen mutmaßlicher rechtfertigender Einwilligung nicht rechtswidrig.

Von der mutmaßlichen Einwilligung ist der Rechtsprechung zufolge der Rechtfertigungsgrund der **hypothetischen Einwilligung** zu unterscheiden, der vor allem die Körperverletzung durch *Ärzte* betrifft.

Ausgangspunkt ist dabei die Frage, ob der Patient vor der Operation ordnungsgemäß *aufgeklärt* wurde. Ist dies nicht der Fall, ist eine von ihm erteilte *ausdrückliche Einwilligung* nicht wirksam (siehe Beispiel 18). Jedoch entfällt wegen des Rechtfertigungsgrunds der hypothetischen Einwilligung die Rechtswidrigkeit der Körperverletzung, wenn der Patient bei wahrheitsgemäßer Aufklärung ebenfalls in die tatsächlich durchgeführte Operation eingewilligt hätte. Die Existenzberechtigung dieses neuen Rechtfertigungsgrundes wird von Teilen der Literatur allerdings bestritten.

Schema: Mutmaßliche rechtfertigende Einwilligung

1. **Disponibles Rechtsgut** (wie bei der ausdrücklich erklärten Einwilligung)
2. Keine **Einwilligungserklärung**, d. h.
   a) kein erkennbar entgegenstehender Wille des Betroffenen;
   b) Befragung des Betroffenen nicht rechtzeitig möglich oder entbehrlich
3. **Einwilligungsfähigkeit** des Rechtsgutsträgers (wie bei Einwilligung)
4. **Übereinstimmung** der fraglichen Handlung mit dem **hypothetischen Willen** des Betroffenen (ex ante Sicht)
5. **Absicht**, im Sinne des Betroffenen zu handeln bzw. *nicht gegen* die Interessen des Betroffenen zu handeln und jeweils gewissenhafte Prüfung der für den hypothetischen Willen maßgebenden Umstände

▸ **Literatur zu dieser Lektion**

📖 Skript **Standardfälle Strafrecht für Anfänger, Band 1**, Fälle 4 bis 9

📖 Skript **Standardfälle Strafrecht für Anfänger, Band 2**, Fälle 2, 5

📖 Kett-Straub, **JA** 2013, 182 (Fortg.-Hausarbeit Einwilligung/Doping)

📖 Eisele, **JA** 2005, 252 (hypothetische Einwilligung)

📖 Lesch, **JA** 1996, 833 (Notwehrprovokation)

📖 Sternberg-Lieben, **JA** 1996, 129; 299; 568 (Grundfälle Notwehr)

📖 Bergmann, **JuS** 1989, Lernbogen L 65 (Einwilligung u. Einverständn.)

📖 Bergmann, **JuS** 1989, 109 (Notstand)

C. Schuld

I. Schuldfähigkeit, §§ 19-21
II. Schuldvorsatz
III. Unrechtsbewusstsein, § 17
IV. Entschuldigungsgründe lassen
   Schuld entfallen
      1. Notwehrexzess, § 33
      2. Entschuldigender Notstand, § 35
      3. Übergesetzlicher Notstand

I. Schuldfähigkeit des Täters

Die Schuldfähigkeit des Täters ist grundsätzlich Voraussetzung für seine strafrechtliche Verantwortlichkeit. Das StGB regelt die Schuldfähigkeit in den **§§ 19 bis 21**. Enthält der Sachverhalt aber keinen ausdrücklichen Hinweis zur Schuldunfähigkeit, ist von der Schuldfähigkeit des Täters auszugehen. *Schuldunfähig* sind Kinder bis 14 Jahre (§ 19) und Personen, denen die Einsichts- und/oder (häufiger vorkommend) die Steuerungsfähigkeit fehlt (§ 20).

Bei Jugendlichen, die das 14., aber noch nicht das 18. Lebensjahr vollendet haben, muss die Schuldfähigkeit gemäß § 3 S. 1 JGG positiv festgestellt werden, sog. *bedingte Schuldfähigkeit*. Diese bestimmt sich nach der geistigen und sittlichen Entwicklung des Jugendlichen. Nur in seltenen Ausnahmefällen wird sie zu verneinen sein. Bei Heranwachsenden (18 bis unter 21) und Erwachsenen ist die Schuldfähigkeit zu unterstellen.

II. Schuldvorsatz

Der Tatbestandsvorsatz indiziert den Schuldvorsatz oder Vorsatzschuldvorwurf. Diese Indikationswirkung wird nur in einem einzigen Fall erschüttert, nämlich beim sog.

Erlaubnistatbestandsirrtum (siehe dazu Lektion 9). Insofern ist der Prüfungspunkt *nur* bei diesem Irrtum zu erwähnen, sonst nicht!

III. Unrechtsbewusstsein

Gemäß § 17 gehört das Bewusstsein, im Unrecht zu handeln, zur Schuld. Nicht dazu gehört freilich die Kenntnis der konkreten Strafvorschrift. Es genügt vielmehr die Einsicht des Täters, dass sein Verhalten rechtlich verboten ist, sog. *aktuelles Unrechtsbewusstsein*. Es reicht sogar aus, wenn der Täter bei dem ihm zumutbaren Einsatz seiner Erkenntniskräfte die Einsicht in das Unrecht der Tat gewinnen konnte, sog. *potentielles Unrechtsbewusstsein*. Werden im Sachverhalt keine Anhaltspunkte gegeben, darf auf diesen Prüfungspunkt nicht näher eingegangen werden!

IV. Fehlen von Entschuldigungsgründen

Die Schuld entfällt, wenn zugunsten des Täters ein Entschuldigungsgrund eingreift.

1. Notwehrexzess, § 33

Überschreitet der Täter in einer Notwehrlage die Grenzen der Notwehr, bleibt er unter bestimmten Voraussetzungen straffrei, sog. *intensiver Notwehrexzess*.

> **Merksatz:** Die Verteidigung war zwar erforderlich, aber nicht in dieser Stärke!

Beispiel 1: In einer Notwehrlage schlägt R aus Furcht stärker zu, als es zur Abwehr des Angriffs erforderlich gewesen wäre. Hat R sich nach § 223 wegen Körperverletzung strafbar gemacht?

Lösung: R ist zwar nicht durch Notwehr nach § 32 gerechtfertigt, aber nach § 33 entschuldigt und hat sich daher nicht gemäß § 223 strafbar gemacht.

Voraussetzung des § 33 ist weiter, dass ein psychischer Ausnahmezustand der Grund für die Notwehrüberschreitung war. Der Täter muss daher *aus „Verwirrung", „Furcht", oder „Schrecken"* die Grenzen der Notwehr überschritten haben. Wenn dagegen alle Voraussetzungen einer Notwehr bis auf das Kriterium der *Gegenwärtigkeit* vorliegen, der Täter also die *zeitlichen* Grenzen der Notwehr überschreitet, dann handelt es sich um einen Fall des *extensiven Notwehrexzesses.*

> **Merksatz:** Der Angriff war nicht mehr oder noch nicht gegenwärtig!

Nach herrschender Meinung wird § 33 beim extensiven Notwehrexzess grds. *nicht* angewendet. Sofern der Täter realisiere, dass die zeitlichen Grenzen des Notwehrrechts überschritten sind, sei er *nicht schutzwürdig*; verkenne er selbiges hingegen, so könne zu seinen Gunsten ein *Erlaubnistatbestandsirrtum* eingreifen, weshalb es der Heranziehung des § 33 nicht bedürfe.

Beispiel 2: Nachdem X schon bewusstlos am Boden liegt, schlägt R aus Furcht vor weiteren Angriffen nochmals auf den Kopf des X. Gegeben ist ein (nachzeitiger) extensiver Notwehrexzess, der nach h. M. nicht unter § 33 fällt.

Prüfungsschema: Notwehrexzess, § 33

1. Bestehen einer tatsächlichen **Notwehrlage.**
2. **Überschreiten der Grenzen der Notwehr.** Die Notwehrhandlung ist also *nicht erforderlich* oder *nicht geboten*, sog. *intensiver Notwehrexzess.* Ist der Angriff noch nicht oder nicht mehr *gegenwärtig*, so liegt ein *extensiver* Notwehrexzess vor, auf den § 33 nach h. M. grds. keine Anwendung findet.
3. **Psychischer Ausnahmezustand:** Verwirrung, Furcht oder Schrecken (*asthenische Affekte*, also Affekte der Schwäche); *nicht* bei *sthenischen Affekten*, also Affekten der Stärke wie z.B. Wut, Zorn, Kampfeseifer. Bloß *teilweise sthenische Affekte* hindern die Anwendbarkeit des § 33 nach h.M. jedoch nicht.
4. **Verteidigungswille** (subj. Rechtfertigungselement)

2. Entschuldigender Notstand, § 35

Beispiel 3: Zwei Schiffbrüchige erreichen schwimmend eine Schiffs-
planke, die nur einen tragen kann. Der stärkere R stößt den schwächeren
T ins Meer, wo dieser ertrinkt. Hat R sich nach § 212 wegen Totschlags
strafbar gemacht?

Lösung: R ist nach § 35 entschuldigt, da er von sich selbst eine
gegenwärtige, nicht anders abwendbare Gefahr für sein Leben abwenden
wollte. Eine Strafbarkeit nach § 212 scheidet damit aus.

Prüfungsschema: Entschuldigender Notstand, § 35

a) **Notstandslage**: Gegenwärtige *Gefahr* für Leben, Leib oder
   Freiheit (nur Fortbewegungsfreiheit i. S. d. § 239, nicht
   allgemeine Handlungsfreiheit im Sinne des Art. 2 I GG) des
   Täters, eines Angehörigen oder einer ihm nahestehenden
   Person
b) **Notstandshandlung**: Gefahr nicht anders abwendbar
   (Erforderlichkeit der Rettungshandlung)
       aa) Geeignetheit
       bb) Relativ mildestes Mittel
c) **Gefahrabwendungswille** (subj. Rechtfertigungselement)
d) Hinnahme der Gefahr **nicht zumutbar**, § 35 I S. 2
       aa) keine schuldhafte Herbeiführung der Notstandslage
       bb) keine besond. Gefahrtragungspflicht (z.B. als Polizist))

Beispiel 4: T hält dem R ein Messer an den Hals. T droht, den R umzubringen, wenn R nicht den Autoreifen des X zersteche. Daraufhin zer-
sticht R den Autoreifen des X. Hat R sich nach § 303 wegen Sachbeschädigung strafbar gemacht?

Lösung: R könnte nach § 34 wegen Notstands *gerechtfertigt* sein, da er
durch das Zerstechen des Reifens verhindern wollte, dass er von T um-
gebracht wird und insofern das beeinträchtigte Rechtsgut das bedrohte
wesentlich an Wert übersteigt. Eine Rechtfertigung gemäß § 34 hätte
jedoch zur Folge, dass R in Bezug auf X rechtmäßig gehandelt hätte. Da
der Angriff des R auf das Eigentum des X dann nicht „rechtswidrig" wäre,
dürfte der X seinerseits keine Notwehr gemäß § 32 gegen R üben. Um
dem X nicht das Notwehrrecht zu nehmen, wird vertreten, dass der hier
vorliegende sog. *Nötigungsnotstand* das Verhalten des Genötigten nicht
gemäß § 34 *rechtfertige*, sondern nur gemäß § 35 *entschuldige*.

Im Gegensatz zum rechtfertigenden Notstand (§ 34), bei dem eine Güterabwägung stattfindet, sieht § 35 dies nicht vor. Dafür ist der Anwendungsbereich des § 35 enger, weil er nur die Gefahrabwendung für *Leben, Leib und Freiheit* erfasst. Andere Rechtsgüter sind nach § 35 nicht notstandsfähig. *Nothilfe* ist auch nicht zugunsten jedes Anderen wie in § 34, sondern nur zugunsten *Angehöriger* (§ 11 I Nr. 1) oder *nahestehender Personen* möglich. § 35 setzt folgendes voraus:

a) Notstandslage

Zu den Definitionen der Begriffe „Gefahr" und „gegenwärtig" siehe u.a. die Ausführungen zu § 228 BGB bzw. § 904 BGB, Seite 29 ff. *Nahestehende Personen* sind nur solche, bei denen eine auf Dauer angelegte persönliche Beziehung zum Täter besteht, die über den üblichen Sozialkontakt des Alltagslebens hinausgeht und mit der Beziehung zwischen Angehörigen im Sinne des § 11 I Nr. 1 vergleichbar ist.

Beispiel 5: Langjährige Freundschaften, eheähnliches Zusammenleben, enge Liebesverhältnisse.

b) Notstandshandlung

Die Rettungshandlung des Täters muss objektiv geeignet und erforderlich sein, die drohende Gefahr abzuwenden (*relativ mildestes Mittel*). Der Täter muss daher die Möglichkeit eines anderen Ausweges umso sorgfältiger prüfen, je einschneidender der Schaden für einen anderen ist.

c) Gefahrabwendungswille

Der Täter muss in Kenntnis der Gefahrenlage und mit dem Willen zur Gefahrenabwehr handeln. Der Gefahrabwendungswille wird dabei durch die Kenntnis der gefährdenden Sachlage indiziert.

46

d) Unzumutbarkeit, die Gefahr hinzunehmen

Als den Handlungsspielraum des Täters begrenzende Kompensation für die fehlende Güterabwägung enthält § 35 I S. 2 eine Gegenausnahme. Der Schuldvorwurf entfällt danach nicht, soweit dem Täter den Umständen nach zu-gemutet werden kann, die Gefahr hinzunehmen. § 35 I S. 2 nennt zwei Fälle:

- Selbstverursachung: Der Täter hat die Gefahr selbst verursacht und dadurch die Notstandslage geschaffen. Bloße Kausalität des Täterhandelns reicht dafür jedoch nicht aus; erforderlich ist vielmehr zumindest ein objektiv und subjektiv pflichtwidriges Verhalten.

- Dem Täter ist die *Hinnahme* der Gefahr aufgrund eines besonderen Rechtsverhältnisses *zuzumuten*.

Beispiel 6: In besonderen Rechtsverhältnissen stehen u.a. Bergführer, Soldaten, Seeleute, Polizeibeamte. Für diese existieren erhöhte Gefahrtragungspflichten!

3. Übergesetzlicher Notstand (gesetzlich nicht geregelt)

Ist die Notstandshandlung weder von § 34 noch von § 35 erfasst, kann der Täter gleichwohl entschuldigt sein, wenn er bei ethischer Gesamtbewertung erheblich schwereres Unheil verhindert hat. Voraussetzungen:

- Es liegt kein Fall des § 34 oder § 35 vor

- Bei ethischer Gesamtbetrachtung war die Handlung das einzige Mittel, um noch größeres Unheil zu verhindern.

Beispiel 7: In einem süddeutschen Bergwerksstollen sind in 500 Meter Tiefe 40 Bergleute eingeschlossen. Der eigens aus dem Ruhrgebiet eingeflogene Rettungsspezialist R ordnet mangels anderer Rettungsmöglichkeiten an, dass ein Rettungstunnel gegraben wird. Es steht fest, dass dabei durch herabstürzende Erdmassen mindestens 4 Bergleute verschüttet und dadurch getötet werden. Tatsächlich sterben 4 Bergleute, 36 werden gerettet. Hat R sich wegen Totschlags nach § 212 strafbar gemacht?

Lösung: § 34 greift als Rechtfertigungsgrund nicht ein, da eine qualitative oder gar eine quantitative Abwägung „Leben gegen Leben" nicht zulässig ist. Eine Entschuldigung nach § 35 scheitert daran, dass die geretteten 36 Bergleute für R nicht zum von § 35 geschützten Personenkreis (Angehörige, nahestehende Personen) gehören. Es liegt jedoch eine außergewöhnliche Konfliktsituation vor, für die der übergesetzliche Notstand eingreift. R ist also entschuldigt.

▶ Literatur

📖 Skript **Standardfälle Strafrecht für Anfänger, Band 1**, Fall 6
📖 Sauren, **Jura** 1988, 567 (Notwehrexzess)
📖 Roxin, **JA** 1990, 97, 137 (Entschuldigender Notstand)

Zum Abschluss der ersten drei Lektionen nachfolgend das allgemeine Prüfungs- bzw. Aufbauschema eines **vollendeten vorsätzlichen Begehungsdelikts**. Viele **weitere Schemata** aus dem Zivil-, Straf- und Öffentlichen Recht enthält das Skript „Die wichtigsten Schemata – Zivilrecht, Strafrecht, Öff. Recht", ISBN 978-3-86724-133-5.

48

I. Tatbestandsmäßigkeit
    1. Objektiver Tatbestand
        a) Tatsubjekt
        b) Tatobjekt
        c) Tathandlung und -sofern Erfolgsdelikt- Erfolgseintritt
        d) Kausalität zwischen Tathandlung und Erfolg
        e) Objektive Zurechenbarkeit
    2. Subjektiver Tatbestand
        a) Vorsatz (§ 15): Absicht (dolus directus 1. Grades) oder direkter Vorsatz (dolus directus 2. Grades) oder bedingter Vorsatz (dolus eventualis)
        b) Sonstige subjektive Tatbestandsmerkmale
        c) Möglich auftretende Irrtümer:
            aa) Tatbestandsirrtum (§ 16)
            bb) Error in persona vel in objecto
            cc) Aberratio ictus
    3. In Ausnahmefällen: Objektive Bedingungen der Strafbarkeit

II. Rechtswidrigkeit
Die Tatbestandsmäßigkeit „indiziert" die Rechtswidrigkeit, es sei denn, dass Rechtfertigungsgründe eingreifen. Die wichtigsten sind:
    1. Aus dem Strafrecht:
        a) Notwehr (§ 32)
        b) Rechtfertigender Notstand (§ 34)
    2. Aus dem BGB:
        a) Defensivnotstand (§ 228 BGB)
        b) Aggressivnotstand (§ 904 BGB)
    3. Aus der StPO:
        § 127 StPO
    4. Ungeschriebene Rechtfertigungsgründe:
        a) Rechtfertigende Einwilligung
        b) Mutmaßliche rechtfertigende Einwilligung

III. Schuld
    1. Schuldfähigkeit des Täters
    2. Schuldvorsatz (nur bei Erlaubnistatbestandsirrtum zu prüfen)
    3. Unrechtsbewusstsein. Mögliche Irrtümer:
        a) Verbotsirrtum (§ 17)
        b) Erlaubnisirrtum
    4. Fehlen von Entschuldigungsgründen. Mögliche Gründe:
        a) Notwehrexzess (§ 33)
        b) Entschuldigender Notstand (§ 35)
        c) Übergesetzlicher Notstand

IV. Sonstige Strafbarkeitsvoraussetzungen
    1. Persönliche Strafaufhebungsgründe (z. B. § 24)
    2. Strafantrag (§§ 77 ff.; z. B. § 123 II, § 248b III)

Lektion 4: Der Versuch

Der Versuch ist in §§ 22, 23 geregelt. Er ist die vollständig gewollte, aber unvollständig gebliebene Tat. Nach § 22 versucht eine Straftat, wer nach *seiner* Vorstellung von der Tat zur Verwirklichung des Tatbestandes *unmittelbar* ansetzt. Es müssen insofern also drei versuchsspezifische Voraussetzungen erfüllt sein:

1. Keine Tatvollendung bei Strafbarkeit des Versuchs;
2. Unbedingter Tatentschluss;
3. Unmittelbares Ansetzen zur Tat.

Prüfungsschema: Der Versuch, §§ 22, 23

0. Vorprüfung: a) keine Tatvollendung
b) Strafbarkeit des Versuchs, §§ 23 I, 12
I. Tatbestandsmäßigkeit
1. Tatentschluss, d. h. Vorsatz hinsichtlich der in Aussicht genommenen Tat sowie Vorliegen aller eventuellen besonderen subjektiven Tatbestandsmerkmale
2. Unmittelbares Ansetzen
II. Rechtswidrigkeit
III. Schuld
IV. Strafaufhebungsgrund: Rücktritt, § 24

Beispiel 1: Sportschütze R will seine Tante T umbringen. Er geht in ihren Garten, legt sein Gewehr auf sie an und schießt. Allerdings zischt die einzige Kugel, die er in seinem Lauf hatte, an dem Kopf der T vorbei. Diese bleibt unverletzt. Wie hat R sich strafbar gemacht?

Lösung: R hat sich gemäß §§ 212 I, 22, 23 I wegen versuchten Totschlags strafbar gemacht (Anm.: Ggf. wäre z.B. an das Mordmerkmal der Heimtücke zu denken).

0. Vorprüfung

Die Tat darf nicht vollendet sein. Nach § 23 I ist der Versuch eines Verbrechens stets, der Versuch eines Vergehens aber nur dann strafbar, wenn das Gesetz es ausdrücklich bestimmt. *Verbrechen* sind nach § 12 I rechtswidrige Taten,

50

die im Mindestmaß mit Freiheitsstrafe von einem Jahr oder darüber bedroht sind, z.B. § 211 (Mord), § 212 (Totschlag). *Vergehen* sind nach § 12 II rechtswidrige Taten, die im Mindestmaß mit einer geringeren Freiheitsstrafe als einem Jahr oder die mit Geldstrafe bedroht sind.

Beispiel 2: § 292 (Jagdwilderei) ist ein Vergehen, da in § 292 keine Freiheitsstrafe von mindestens einem Jahr angedroht wird. Es gibt in § 292 auch keine ausdrückliche Erwähnung der Versuchsstrafbarkeit. Daher ist der Versuch der Jagdwilderei nicht strafbar. - § 303 (Sachbeschädigung) ist zwar auch ein Vergehen, aber in Absatz 3 wird die Versuchsstrafbarkeit ausdrücklich festgelegt. Also ist der Versuch strafbar! Weitere Beispiele dazu: §§ 223 II, 224 II, 239 II, 240 III.

Hinweis: In der Klausur den Punkt „Vorprüfung" mit gebotener Zügigkeit abhandeln.

I. Tatbestandsmäßigkeit

1. Tatentschluss

Der Vorsatz des Täters muss bereits endgültig auf die Verwirklichung aller objektiven Tatbestandsmerkmale und ggf. weiterer subjektiver Tatbestandsmerkmale (z. B. die Zueignungsabsicht in § 242 I oder die Bereicherungsabsicht in § 263 I) gerichtet sein. Der Täter muss also die Vollendung des Delikts *wollen*. Der Tatentschluss muss *bestimmt* und *endgültig* sein. Daher ist der subjektive Tatbestand beim Versuch identisch mit dem subjektiven Tatbestand beim vorsätzlich vollendeten Delikt. Der Tatentschluss ist *abzugrenzen* gegen die bloße Tatgeneigtheit. Bei der *Tatgeneigtheit* ist der Täter noch nicht fest zur Tat entschlossen und die Entscheidung über das „Ob" der Tat ist noch nicht gefallen.

Beispiel 3: R geht zur Tankstelle, um herauszufinden, ob Überwachungskameras einen Diebstahl unmöglich machen. Erst danach will er sich entscheiden, ob er diesen auch begeht. Hier liegt bloße Tatgeneigtheit vor, da die Entscheidung über das „Ob" noch nicht gefallen ist. (Anm.: Wäre R hingegen fest entschlossen, im Fall der Abwesenheit von Kameras den Diebstahl zu begehen, so würde er sein Vorhaben von rein externen Faktoren abhängig machen, was der Annahme eines Tatentschlusses gerade nicht entgegenstehen würde!).

2. Unmittelbares Ansetzen

Man beschreibt das unmittelbare Ansetzen auch als *Anfang der Ausführung*, d. h. man versteht darunter die *nach außen in Erscheinung tretende* Betätigung des Tatentschlusses. Unproblematisch sind die Fälle, in denen der Täter bereits mit einer tatbestandsmäßigen Handlung begonnen, d. h. wenn er bereits Merkmale des Tatbestandes erfüllt hat.

Beispiel 4: R bricht einen Tresor auf und nimmt den darin befindlichen Schmuck heraus. Als er den Schmuck einstecken und den Raum verlassen will, wird er festgenommen.

Umstritten ist die Abgrenzung von strafbarem Versuch und strafloser *Vorbereitungshandlung*. Folgende Theorien werden vertreten:

a) Materiell-objektive Theorie: Diese stellt auf den Zeitpunkt ab, bei dem eine unmittelbare *Gefährdung* des geschützten Handlungsobjekts eintritt. Hilfsfrage: Ist das geschützte Rechtsgut durch das Täterverhalten *konkret gefährdet*?

b) Subjektive Theorie: Diese stellt nicht auf das objektive Geschehen, sondern allein auf das *Vorstellungsbild* des Täters ab. Allein der Tatplan entscheidet also. Hilfsfrage: Wann hat der Täter subjektiv die Schwelle zum *„Jetzt geht`s los"* überschritten?

---

c) Gemischt subjektiv-objektive Theorie (h.M.): Nach dieser Theorie setzt der Täter dann unmittelbar zur Tat an, wenn er

aa) die Schwelle zum **„Jetzt geht`s los"** überschreitet (subjektive Bewertungsgrundlage) und

bb) (objektiv) das geschützte Rechtsgut aus seiner Sicht in eine nahe, konkrete Gefahr bringt, so dass sein Tun nach seiner Vorstellung **ohne wesentliche Zwischenakte** in die Erfüllung des Tatbestandes übergeht.

Beispiel 5: In *Beispiel 1* hat der R entweder mit dem Anlegen des Gewehrs, spätestens jedoch mit dem Druck auf den Abzugsbügel unmittelbar angesetzt. Dies kann in der Klausur auch entsprechend offen formuliert werden.

II. Rechtswidrigkeit und III. Schuld: Siehe Ausführungen zum vorsätzlich vollendeten Begehungsdelikt!

IV. Strafaufhebungsgrund: Rücktritt, § 24

Beim Rücktritt handelt es sich um ein Verhalten *nach der Tat*, mit dem sich der Täter Strafbefreiung verschaffen kann.

Der Rücktritt setzt voraus, dass

- die Tat noch *nicht vollendet* ist und
- dass diese aus der *Sicht* des Täters überhaupt *noch vollendbar* ist. Hieran fehlt es zum Beispiel, wenn der Versuch nach der Vorstellung des Täters *fehlgeschlagen* ist.

> Ein **fehlgeschlagener Versuch** liegt dann vor, wenn der Täter erkennt oder auch bloß irrig annimmt, dass der tatbestandliche Erfolg nicht mehr oder zumindest nicht ohne zeitlich relevante Zäsur herbeigeführt werden kann.

Maßgeblich hierbei ist die *subjektive* Einschätzung des Täters, wobei der *Rücktrittshorizont* der entscheidende Zeitpunkt ist (*h. M.*). Nach dieser Lehre vom *Rücktrittshorizont* ist der Versuch noch nicht fehlgeschlagen, wenn es dem Täter aus dessen Sicht noch möglich ist, die Tat zu vollenden, sog. *Gesamtbetrachtung.* Könnte der Täter also die Tat noch vollenden, lässt er aber von weiteren Ausführungshandlungen ab und wird dadurch der Erfolgseintritt verhindert, dann kann er noch strafbefreiend zurücktreten.

Fehlgeschlagen ist der Versuch bei

- *Unmöglichkeit* der Tatfortführung. Der Täter erkennt das Scheitern seines Vorhabens, weil das Tatobjekt fehlt oder das Tatmittel untauglich ist.

  Beispiel 6: Der Geldschrank ist leer; die letzte Patrone ist verschossen.

- *Sinnlosigkeit* der Tatfortführung. Die Tatbestandsverwirklichung ist zwar noch möglich, der bezweckte Erfolg würde aber verfehlt.

  Beispiel 7: Das Tatobjekt wurde verwechselt; das Diebstahlobjekt ist wegen Beschädigung für den Täter nutzlos.

Anmerkung: Ein gangbarer, aber weniger verbreiteter dogmatischer Ansatz besteht darin, in solchen Konstellationen die „Freiwilligkeit" des Täters (s.u.) abzulehnen.

Zu unterscheiden ist

- der Rücktritt eines **Einzeltäters**, § 24 I und
- der Rücktritt bei **Beteiligung mehrerer**, § 24 II.

1. Der Rücktritt des Einzeltäters

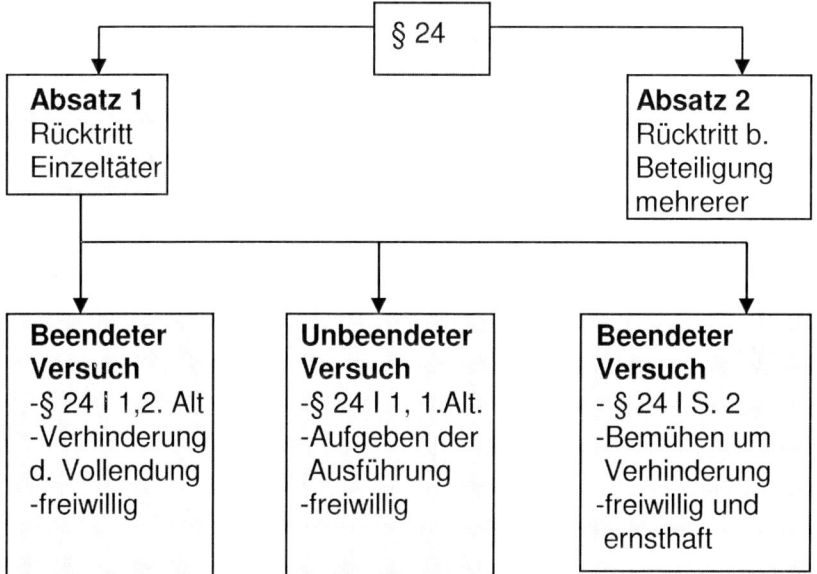

54

> **Unbeendet** ist der Versuch, wenn der Täter nach Abschluss der letzten Ausführungshandlung glaubt, noch nicht alles zur Tatvollendung Erforderliche getan zu haben. Nach seiner Vorstellung sind also zur Herbeiführung des tatbestandlichen Erfolgs noch weitere Handlungen erforderlich.

> **Beendet** ist der Versuch, wenn der Täter nach Abschluss der letzten Ausführungshandlung glaubt, alles getan zu haben, was nach seiner Vorstellung zur Tatbestandsverwirklichung erforderlich ist.

Beispiel 8: R wird festgenommen. Dabei legt er mit Tötungsvorsatz seine Pistole auf den Beamten B an, wirft aber dann die Waffe weg. Hier hat R noch nicht alles zur Tatvollendung Erforderliche getan. Zum Töten des B war aus R's Sicht noch die Abgabe eines Schusses erforderlich. Also liegt ein *unbeendeter Versuch* vor.

Beispiel 9: R wird festgenommen. Er schießt mit Tötungsvorsatz auf den Beamten B und verletzt ihn schwer. Erst dann wirft er die Waffe weg und die Kollegen des B können den B ins Krankenhaus bringen, wo er auch gerettet wird. Hier liegt ein beendeter Versuch vor, da der R mit der Hervorrufung der Schussverletzung bei B alles getan hatte, was nach seiner Vorstellung zur Tatbestandsverwirklichung erforderlich war.

Die Einordnung des Versuchs als beendet oder als unbeendet entscheidet darüber, was der Täter tun muss, damit er nach § 24 I strafbefreiend zurücktreten kann. Da der Täter das Rechtsgut beim unbeendeten Versuch subjektiv weniger stark gefährdet hat, ist ihm der Rücktritt leichter möglich als beim beendeten Versuch.

1. Beim Rücktritt vom *unbeendeten* Versuch gemäß § 24 I S. 1 Alt. 1 genügt es, wenn der Täter *freiwillig* die weitere *Ausführung der Tat aufgibt.*

2. Beim Rücktritt vom *beendeten* Versuch muss der Täter gemäß § 24 I S. 1 Alt. 2 die *Vollendung verhindern.*

> **Aufgeben der Tat** bedeutet, dass der Täter von der weiteren Realisierung des gesetzlichen Tatbestandes aufgrund eines „Gegenentschlusses" Abstand nimmt. Ein bloßes *Hinausschieben* der Tatausführung genügt dagegen noch nicht. **Freiwillig** handelt, wer durch autonome (selbstgesetzte) Motive zum Rücktritt bewegt wird, wer also in freier Selbstbestimmung von der Tat ablässt. **Unfreiwillig** handelt demgegenüber, wer durch heteronome (fremdgesetzte) Motive zur Aufgabe weiterer Ausführungshandlungen veranlasst wird.

Vereinfachend die sog. **Frank`sche Formel:**
- *Freiwillig*: „Ich will nicht, obwohl ich kann";
- *Unfreiwillig*: „Ich kann nicht, obwohl ich will".

Beispiel 10: Wer aus Mitleid, Scham oder Furcht vor Strafe die Ausführung der Tat aufgibt, handelt freiwillig. Wer dies aus Furcht vor Entdeckung tut oder die Undurchführbarkeit der Tat erkennt, handelt unfreiwillig.

> Eine **Verhinderung der Vollendung** ist beim *beendeten* Versuch gegeben, wenn der Täter eine neue Kausalreihe in Gang setzt, die objektiv für das Ausbleiben der Vollendung wenigstens mitursächlich wird. Das Veranlassen der Tätigkeit eines Dritten reicht (a.A. hingegen die sog. „Bestleistungstheorie", wonach z.B. bei Einschalten eines Dritten der Täter gleichwohl „Tatherrschaft" behalten muss).

Beispiel 11: R wird festgenommen. Er schießt mit Tötungsvorsatz auf den Beamten B und verletzt ihn schwer. Anschließend bringt er ihn jedoch selbst ins Krankenhaus, wo B gerettet wird. Hier beruht die Verhinderung des Todes auf der neuen Handlung des Täters, nämlich auf der Fahrt ins Krankenhaus!

Gelingt es dem Täter selbst nicht, die Vollendung zu verhindern, so kann er als *dritte* Möglichkeit des § 24 I gemäß Satz 2 strafbefreiend zurücktreten, wenn die Tat *ohne sein Zutun* (also unabhängig von seinen Bemühungen) nicht vollendet worden ist, er sich aber *freiwillig* und *ernsthaft* um die Verhinderung der Vollendung *bemüht* hat.

56

An die **Ernsthaftigkeit des Bemühens** sind *hohe Anforderungen* zu stellen. Der Täter muss alle erforderlichen Mittel ausschöpfen, die aus seiner Sicht zur Abwendung des Erfolges notwendig und geeignet sind. Bei der Einschaltung Dritter muss sich der Täter vergewissern, dass diese die erforderlichen Rettungsmaßnahmen auch wirklich ergreifen. Zur *Freiwilligkeit* s.o.

Beispiel 12: R bemüht sich um die Rettung seines Opfers, da er nicht erkennt, dass das von ihm eingesetzte „Gift" nur ein harmloses Pulver ist. Hier wurde die Vollendung nicht durch die Bemühungen des R verhindert. Ursache war vielmehr, dass ein objektiv untauglicher Versuch vorlag. R hat sich jedoch freiwillig und ernsthaft nach § 24 I Satz 2 bemüht.

Beispiel 13: R schießt auf B. B fällt vor Schreck ohnmächtig um, ohne jedoch verletzt zu sein. R glaubt, B sei schwer verletzt und beginnt mit Wiederbelebungsversuchen. Hier wurde die Vollendung nicht durch die Bemühungen des R verhindert. R hat sich jedoch freiwillig und ernsthaft nach § 24 I Satz 2 bemüht.

2. Der Rücktritt bei mehreren Tatbeteiligten, § 24 II

Tatbeteiligte können nach der Legaldefinition in § 28 I Mittäter, Anstifter und Gehilfen sein.

§ 24 II behandelt *drei* Rücktritts-Fälle:

- § 24 II S. 1: Vollendung der Tat muss verhindert werden.
- § 24 II S. 2 Alt. 1: Nichtvollendung der Tat ohne Zutun des Beteiligten; vergleichbar mit § 24 I S. 2.
- § 24 II S. 2 Alt. 2: Tatbeitrag des Beteiligten darf für die Tatvollendung nicht mehr kausal gewesen sein.

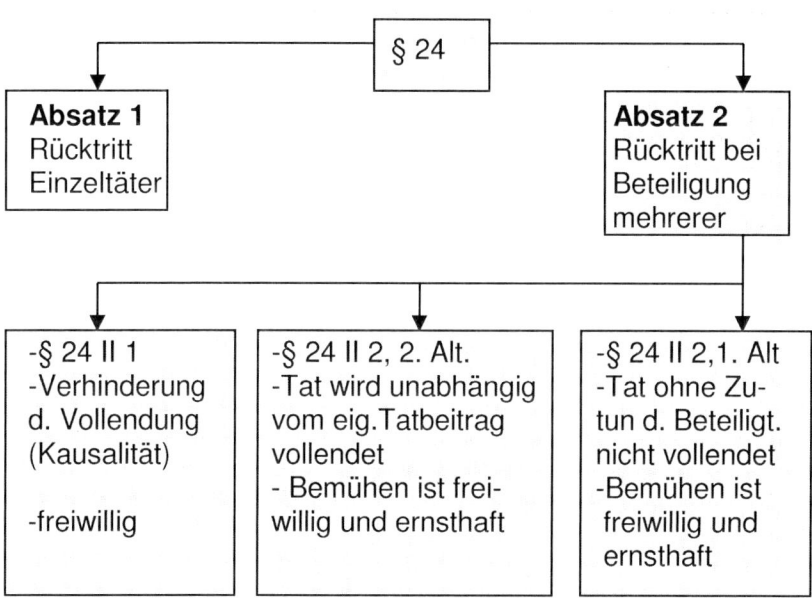

Nach § 24 II 1 muss der Täter die Vollendung tatsächlich verhindert haben und dabei freiwillig handeln.

§ 24 II 2, 1. Alt. entspricht dem § 24 I 2: Die Tatsache, dass die Tat nicht vollendet wurde, ist zwar nicht dem Täter zu verdanken (fehlende Kausalität), jedoch hat der Täter sich *ernsthaft und freiwillig bemüht*.

In § 24 II 2, 2. Alt. wird der Fall geregelt, bei dem die Tat trotz des freiwilligen und ernsthaften Verhinderungsbemühens des rücktrittswilligen Täters vollendet wird, jedoch unabhängig von seinem früheren Tatbeitrag. Dieser war somit für die Tatvollendung nicht kausal! Er soll deshalb straffrei werden, wenn die Tat begangen wird, ohne dass sich sein früherer Tatbeitrag darin noch realisiert.

58

Beispiel 14: R und T beschließen, eine Tankstelle auszurauben. R soll den Raum aufbrechen und eindringen, während T Schmiere steht. Als die Tat schließlich im Gange ist, kommen T erhebliche Bedenken und er nimmt von der Tat Abstand. R kann den Bruch nicht alleine weiterführen, gewinnt aber den plötzlich auftauchenden X für die weitere Mitarbeit. Die Tat wird dann voll durchgeführt. T hatte sich vergeblich darum bemüht, R von der Tat abzubringen. Schließlich alarmierte er die Polizei, diese kam jedoch zu spät. Hier ist T nach § 24 II 2, 2. Alt. strafbefreiend vom vollendeten Delikt zurückgetreten, da sein Tatbeitrag für die Tatvollendung nicht kausal wurde.

▶ Literatur zu dieser Lektion

📖 Skript **Standardfälle Strafrecht für Anfänger, Band 1,** Fälle 10-12

📖 Skript **Standardfälle Strafrecht für Anfänger, Band 2,** Fall 1

📖 Lettl, **JuS** 1998, Lernbogen (am Ende der JuS) L 81 (Rücktritt)

📖 Hauf, **JA** 1995, 776 (Rücktritt)

📖 Rath, **JuS** 1998, 1006; 1106; **JuS** 1999, 32; 140 (Grundfäll. Versuch)

Lektion 5: Das Fahrlässigkeitsdelikt

Fahrlässiges Handeln ist nur strafbar, wenn das Gesetz dies *ausdrücklich* bestimmt (§ 15). Eine Fahrlässigkeitstat ist die *ungewollte* Tatbestandsverwirklichung aufgrund einer Sorgfaltspflichtverletzung.

Da es auf willentliches Handeln nicht ankommt, gibt es bei Fahrlässigkeitstaten *keine* Irrtümer und *keinen* Versuch! Ferner ist eine Teilnahme (§§ 26, 27) an einer fahrlässigen Tat *nicht* möglich, da es an der vorsätzlichen und rechtswidrigen Haupttat fehlt, vgl. zur Teilnahme Lektion 8. Es gilt in diesem Bereich daher der sog. „Einheitstäterbegriff".

Beispiele für Fahrlässigkeitsdelikte sind die fahrlässige Tötung (§ 222), die fahrlässige Körperverletzung (§ 229) oder die fahrlässige Brandstiftung (§ 306d).

Beispiel 1: Skihase R fährt auf der Piste mit seinen neuen Ski und macht äußerst waghalsige Manöver. Dadurch und durch die zu schnelle Geschwindigkeit wird er von der Piste hinausgetragen und kollidiert mit dem Schneewanderer S, der zu Boden fällt. Schürfwunden und ein gebrochenes Handgelenk bei S sind die Folge. Strafbarkeit des R?

Lösung: R hat sich wegen fahrlässiger Körperverletzung nach § 229 strafbar gemacht.

Prüfungsschema: Das fahrlässige Begehungsdelikt

I. Tatbestandsmäßigkeit
    1. Erfolgsverursachung (Handlung, Erfolg, Kausalität)
    2. Objektive Sorgfaltspflichtverletzung, d. h.
    a) Außerachtlassen d. i. Verkehr erforderl. Sorgfalt
    b) Objektive Voraussehbarkeit des tatbestandsmäßigen Erfolgs
    3. Objektive Zurechnung des Erfolges
    a) Pflichtwidrigkeitszusammenhang
    b) Schutzzweckzusammenhang
II. Rechtswidrigkeit
III. Schuld
    1. Schuldfähigkeit
    2. Subjektive Sorgfaltspflichtverletzung:
    a) Subjektive Vermeidbarkeit des Erfolgs
    b) Subjektive Voraussehbarkeit des Erfolgs
    3. Entschuldigungsgründe

I. Tatbestandsmäßigkeit

1. Erfolgsverursachung

Wenn es sich um ein Erfolgsdelikt handelt, muss der tatbestandliche Erfolg festgestellt werden. Anschließend erfolgt die Bestimmung des Kausalzusammenhangs wie bei einem Vorsatzdelikt nach der Äquivalenztheorie.

Beispiel 2: Bei § 222 muss als Erfolg der „Tod" eingetreten sein. Bei § 163 muss z.B. ein „Meineid" vorliegen.

2. Objektive Sorgfaltspflichtverletzung

Der Täter muss durch seine Handlung die objektive Sorgfalt verletzt haben.

a) *Objektiv sorgfaltspflichtwidrig* handelt, wer diejenige Sorgfalt außer Acht lässt, zu der er nach den Umständen und in seiner konkreten Situation verpflichtet ist. Der *Inhalt* der objektiven Sorgfaltspflicht liegt darin, Gefahren für das jeweilig geschützte Rechtsgut zu erkennen und das eigene Verhalten darauf auszurichten. Wer etwas nicht kann, muss es unterlassen! Bestimmte Handlungen (z.B. das Schießen auf Menschen) sind überdies per se zu unterlassen.

Der *Umfang* der Sorgfaltspflicht folgt aus den Anforderungen, die bei vorausschauender Betrachtung der Gefahrenlage an einen besonnenen und gewissenhaften Menschen zu stellen sind (ex ante Sicht). Dabei soll der *Vertrauensgrundsatz* berücksichtigt werden: Jeder, der sich ordnungsgemäß verhält, darf darauf vertrauen, dass seine Mitmenschen sich ebenfalls sorgfaltsgerecht verhalten, solange keine Anzeichen bestehen, dass Andere ihrer Sorgfaltspflicht nicht nachkommen oder ihr nicht gewachsen sind.

Beispiel 3: R fährt mit ordnungsgemäßer Geschwindigkeit eine Vorfahrtsstrasse entlang. Auf der Nebenstrasse nähert sich mit seinem Motorrad der X, den R erkennen kann. R muss aber dennoch nicht seine Geschwindigkeit reduzieren, da er darauf vertrauen darf, dass X sich ordnungsgemäß verhält.

Beispiel 4: Anders wäre der Fall, wenn der X für R erkennbar mit unverminderter Geschwindigkeit der Kreuzung näher käme. Dann müsste er sein Tempo reduzieren, um eine Kollision zu vermeiden. Täte er dies nicht, handelte er sorgfaltswidrig.

b) Der Eintritt des Taterfolges muss nach allgemeiner Lebenserfahrung zwar nicht als regelmäßige, aber doch als adäquate und nicht nur ganz ungewöhnliche Folge erwartet werden können. Wenn also der wesentliche Kausalverlauf und der eingetretene Erfolg nicht so sehr außerhalb der Lebenserfahrung stehen, dass mit ihnen nicht gerechnet werden musste, dann liegt die *objektive Voraussehbarkeit* vor.

3. Objektive Zurechnung

Die objektive Zurechnung entspricht grundsätzlich der Prüfungsstufe der objektiven Zurechnung beim vorsätzlichen Erfolgsdelikt. Sie ist zu bejahen, wenn

a) der Täter durch ein pflichtwidriges Verhalten eine Gefahr schafft,

b) genau diese Gefahr sich dann im eingetretenen Erfolg verwirklicht (sog. *Pflichtwidrigkeitszusammenhang)* und

c) diese Gefahr bzw. dieser Erfolg vom Schutzzweck der Norm erfasst wird, sog. *Schutzzweckzusammenhang.*

Zu b) Pflichtwidrigkeitszusammenhang

Im Erfolg muss sich diejenige rechtliche Gefahr realisiert haben, die durch die Pflichtwidrigkeit des Täters geschaffen worden ist. Nach h. M. entfällt dieser Pflichtwidrigkeitszusammenhang, wenn der Täter den Erfolg mit an Sicherheit grenzender Wahrscheinlichkeit auch bei pflichtgemäßem Handeln herbeigeführt hätte, sog. *rechtmäßiges Alternativverhalten.* Es gilt also gedanklich festzustellen, ob derselbe Erfolg zur gleichen Zeit trotz pflichtgemäßen Alternativverhaltens eingetreten wäre.

62

Beispiel 5: Der angetrunkene Radfahrer R stirbt, als ihn ein LKW mit zu geringem Seitenabstand überholt. Nach der Obduktion kommt heraus, dass R einen hohen Blutalkoholspiegel hatte. Daher wäre er auch bei Einhaltung des gebotenen Seitenabstands aufgrund von Gleichgewichtsstörungen unter die Räder gekommen und getötet worden.

Eine Mindermeinung vertritt dagegen die sog. *Risikoerhöhungslehre*. Diese besagt, dass es für den Pflichtwidrigkeitszusammenhang genügt, wenn die Sorgfaltspflichtverletzung das Risiko des Erfolgseintritts gegenüber dem Maß des erlaubten Risikos *deutlich erhöht* hat. Diese Feststellung erfolgt durch *nachträgliche* Betrachtung. Gegen diese Ansicht spricht jedoch, dass sie die einschlägigen Fahrlässigkeitstatbestände in Gefährdungsdelikte umdeutet und den Grundsatz „in dubio pro reo" missachtet.

Beispiel 6: In *Beispiel 5* wäre nach dieser Ansicht der Pflichtwidrigkeitszusammenhang gegeben, da das Überholen mit zu geringem Seitenabstand die Gefahr einer Kollision erhöht hat.

Zu c) Schutzzweckzusammenhang

Der konkrete Pflichtwidrigkeitsverstoß muss nach dem Schutzzweck der Norm gerade dazu dienen, den eingetretenen Erfolg zu verhindern. Es muss also festgestellt werden, ob sich im Taterfolg gerade die Gefahr verwirklicht hat, die nach dem Schutzzweck der verletzten Sorgfaltsnorm verhindert werden sollte.

Beispiel 7: Autofahrer A fährt mit überhöhter Geschwindigkeit durch die Stadt. Dann biegt er in eine Spielstrasse ein, wobei er nun das vorgeschriebene Schritttempo einhält. Überraschend taucht plötzlich hinter einem parkenden Auto ein Kind auf, das auf die Strasse läuft und das der A überfährt. Das Kind stirbt. Kann A wegen fahrlässiger Tötung (§ 222) mit der Begründung angeklagt werden, dass er erst zu einem späteren Zeitpunkt in der Spielstrasse angekommen, es mithin zu dem Unfall nicht gekommen wäre, wenn er *in der Stadt* das vorgeschriebene Tempo eingehalten hätte?

Lösung: Der *Schutzzweck* der Geschwindigkeitsvorschriften der StVO liegt nicht darin, dass ein Autofahrer zu einem späteren Zeitpunkt am Unfallort ankommt. Diese Vorschriften sollen lediglich sicherstellen, dass der Autofahrer gerade im Geltungsbereich der Schilder rechtzeitig

bremsen und anhalten kann. Daher kann dem A die Geschwindigkeits-
überschreitung in der Stadt im Hinblick auf eine fahrlässige Tötung des
Kindes (§ 222) in einer Spielstraße nicht vorgeworfen werden.

II. Rechtswidrigkeit

Es gelten die gleichen Rechtfertigungsgründe wie beim vorsätzlichen Begehungsdelikt. Wenn schon die vorsätzliche
Tat gerechtfertigt sein kann, soll dies erst recht für die
Fahrlässigkeitstat in Betracht kommen. Nach h. M. ist aber
wegen der Struktur der Fahrlässigkeitstat ein *subjektives
Rechtfertigungselement* nicht erforderlich. Dieses kann also
fehlen.

III. Schuld

1. Schuldfähigkeit

Vgl. die Ausführungen zum vorsätzlichen Begehungsdelikt.

2. Subjektive Sorgfaltspflichtverletzung

Zu prüfen ist, ob der Täter nach seinen *persönlichen Fähigkeiten* die Möglichkeit hatte, die objektive Sorgfaltswidrigkeit
seines Verhaltens zu erkennen und sich danach sorgfaltsge-
mäß zu verhalten. Diese Fähigkeit kann zum Beispiel bei
physischen oder psychischen Mängeln fehlen. Der Täter
muss also *individuell* in der Lage gewesen sein, den drohenden Schaden zu erkennen. Dabei werden nach h.M. seine
persönlichen Fähigkeiten (Intelligenz, Lebenserfahrung,
Alter) und sein Können (berufliche Kenntnisse, Vorbildung)
auch zu seinen Lasten berücksichtigt. Wenn es allerdings
für den Täter längerfristig voraussehbar war, dass er den
Anforderungen nicht gewachsen sein wird, dann kann ihm
bereits die *Übernahme* der Tätigkeit als sorgfaltswidriges
Verhalten vorgeworfen werden.

Beispiel 8: Lastwagenfahrer L ist im Laufe der Zeit fast blind geworden,
fährt aber trotzdem weiter LKW. An einer Kreuzung übersieht er infolge
seines Sehschadens ein Kind und überfährt es. Das Kind stirbt. Strafbarkeit des L?

Lösung: In Betracht kommt eine Strafbarkeit wegen fahrlässiger Tötung gemäß § 222. Hier war der L aufgrund seines Sehschadens zwar subjektiv nicht in der Lage, das Kind zu erkennen. Es war für ihn jedoch voraussehbar, dass er den Anforderungen des Straßenverkehrs aufgrund seines Sehschadens nicht mehr gewachsen sein würde.

3. Entschuldigungsgründe

Es gelten die gleichen Entschuldigungsgründe wie beim vorsätzlichen Begehungsdelikt. Ein weiterer, spezieller Entschuldigungsgrund ist die bereits vom Reichsgericht entwickelte *Unzumutbarkeit normgemäßen Verhaltens.*

Dahinter steckt der Gedanke, dass einem Täter ein Verhalten nur dann vorgeworfen werden kann, wenn es ihm auch zumutbar war, anders zu handeln.

Beispiel 9: „Leinenfängerfall" RGSt 30, 25: T fährt auf Anweisung seines Dienstherrn – Pferdedroschkenbesitzer - mit einem bekannt unverträglichem Pferd. Dieses Pferd beißt sich immer in die Zügel-Leinen. Hätte sich T geweigert, wäre er entlassen worden. Das Pferd geht schließlich durch und verletzt X. Eine Strafbarkeit des T wegen fahrlässiger Körperverletzung gemäß § 229 entfällt, da es an der Zumutbarkeit fehlt. Man konnte von T nicht verlangen, sich des Risikos einer Entlassung auszusetzen.

▶ Literatur zu dieser Lektion
📖 Skript **Standardfälle Strafrecht für Anfänger, Band 1,** Fall 9
📖 Skript **Standardfälle Strafrecht für Anfänger, Band 2,** Fall 4
📖 Fahl, **Jura** 1995, 654 (658) (Übungsfall)
📖 Bühler, **Jura** 1989, 651 (658) (Übungsfall)

Lektion 6: Die Erfolgsqualifikation

Bei den *erfolgsqualifizierten Delikten* ist die Verbindung aus dem vorsätzlich begangenen, strafbaren Grunddelikt (sei es vollendet oder bloß versucht) mit der fahrlässig herbei-geführten schwereren Tatfolge mit höherer Strafe bedroht. Die schwerere Tatfolge muss zumindest fahrlässig ver-wirklicht sein (§ 18).

Beispiel 1: Ein häufig in Klausuren auftauchendes erfolgsqualifiziertes Delikt ist § 227 I (Körperverletzung mit Todesfolge).

Prüfungsschema: Das erfolgsqualifizierte Delikt

I. Tatbestandsmäßigkeit
    1. Vorliegen des Grundtatbestands (Tb, Rw, Schuld)
    2. Eintritt der schweren Tatfolge (Kausalität zw.
       Grunddelikt und Erfolg)
    3. Sorgfaltspflichtverl. (§ 18): „wenigstens Fahrlässigkeit"
    4. Objektive Zurechnung
    5. Gefahrspezifischer Zusammenhang zwischen
       Grunddelikt und schwerer Folge
II. Rechtswidrigkeit
III. Schuld
    1. Subjektive Sorgfaltspflichtverletzung
    2. Subjektive Vorhersehbarkeit
    3. Fehlen von Entschuldigungsgründen

Beispiel 2: R flirtet mit der Freundin des T. Dieser ist darüber so wütend, dass er dem R einen Faustschlag ins Gesicht versetzt, so dass dieser ins Taumeln gerät und zum völligen Schock des T über eine Brüstung stürzt. Er schlägt so mit dem Kopf auf, dass er sich sein Genick bricht und stirbt. Hier kommt Körperverletzung mit Todesfolge (§ 227 I) in Betracht, da T das Grunddelikt (§ 223) vorsätzlich, die schwerere Tatfolge (Tod des R) jedoch allenfalls fahrlässig verwirklicht hat.

I. Tatbestandsmäßigkeit

1. Grundtatbestand

Es erfolgt zunächst eine Prüfung des *Grunddelikts* (im Beispielsfall § 223) mit Tatbestand, Rechtswidrigkeit, Schuld.

2. Prüfung der schweren Tatfolge

Die eingetretene besondere Folge muss durch den Täter verursacht worden sein. Hier ist also die Kausalität zu prüfen.

3. Sorgfaltspflichtverletzung

Hier ist die objektive Sorgfaltspflichtverletzung bei objektiver Vorhersehbarkeit des wesentlichen Kausalverlaufs und des Erfolgseintritts zu prüfen. *Wenigstens* fahrlässig" (§ 18) bedeutet, dass auch Vorsatz nicht schadet (so z.B. bei § 226 I; str. hingegen für § 227).

4. Prüfung der **Zurechnung** wie beim vorsätzlichen Begehungsdelikt.

5. Gefahrspezifischer Zusammenhang zwischen Grunddelikt und schwerer Folge

Nach dem Wortlaut des § 227 muss die schwere Folge „durch" das Grunddelikt verwirklicht sein. In dem besonderen Erfolg muss sich also gerade die dem Grundtatbestand anhaftende spezifische Gefahr der Tathandlung bzw. des Taterfolges niedergeschlagen haben. Umstritten ist dabei, ob die schwere Folge bereits an die Handlung des Grundtatbestandes anknüpft (so die h.M.) oder erst an den tatbestandlichen Erfolg des Grunddeliktes.

II. Rechtswidrigkeit

Wie beim vorsätzlichen Begehungsdelikt ist hier auf mögliche Rechtfertigungsgründe einzugehen.

III. Schuld

1. Subjektive Sorgfaltspflichtverletzung

Der Täter muss im Hinblick auf seine individuellen Kenntnisse und Fähigkeiten in der Lage gewesen sein, die objektive Sorgfaltspflicht einzuhalten.

2. Subjektive Vorhersehbarkeit

Der Täter muss individuell in der Lage gewesen sein, den drohenden Schaden (die schwere Folge) zu erkennen.

3. Entschuldigungsgründe

Wie beim vorsätzlichen Begehungsdelikt ist hier auf mögliche Entschuldigungsgründe einzugehen.

▶ Literatur zu dieser Lektion

📖 Skript **Einführung in das Strafrecht (BT) 2**, Lektion 6 (§ 227)
📖 Skript **Standardfälle StrafR für Fortgeschrittene**, Fall 6
📖 Sowada, **Jura** 1994, 649; **Jura** 1995, 644 (Zu § 226 a.F.= § 227)
📖 Fahl, **JA** 1998, 9 (Fallbesprechung zu § 226 a.F. = § 227)

Lektion 7: Das Unterlassungsdelikt

Zu unterscheiden ist im Bereich der Vorsatzstraftaten das vorsätzliche *echte* vom vorsätzlichen *unechten* Unterlassungsdelikt. Echte Unterlassungsdelikte sind Straftaten, die nur das schlichte Unterlassen bestimmter rechtlich gebotener Handlungen beinhalten. Sie sind in eigenständigen Straftatbeständen geregelt.

Beispiel 1: Unterlassene Hilfeleistung gemäß § 323 c oder die Nichtanzeige geplanter Straftaten nach § 138 ist ein *echtes* Unterlassungsdelikt.

Die nachfolgenden Ausführungen gelten jedoch nur für *unechte* Unterlassungsdelikte. Unechte Unterlassungsdelikte sind Straftaten, die die unterlassene Erfolgsabwendung eines Begehungsdelikts beinhalten. Allerdings ist hier wegen Begehung durch Unterlassen nach § 13 nur derjenige strafbar, der rechtlich dafür einzustehen hat, dass der Erfolg nicht eintritt, sog. *Garant*. Nur der Garant wird also aus einer Vorschrift bestraft, die grundsätzlich positives Tun voraussetzt.

Als unechtes Unterlassungsdelikt kommt jedes Erfolgsdelikt in Betracht, bei dem das Unterlassen der Verwirklichung des gesetzlichen Tatbestandes durch positives Tun entspricht.

Beispiel 2: Der angetrunkene A übersieht nachts mit seinem Auto den Radfahrer R und fährt diesen an. Nach kurzem Anhalten erkennt er, dass der R ohne Hilfe sterben wird, was ihm jedoch egal ist. Er fährt weiter. R stirbt. Strafbarkeit des A?

Lösung: A hat sich nach §§ 212, 13 wegen Totschlags durch Unterlassen strafbar gemacht. Die Garantenstellung des A ergab sich daraus, dass er zuvor den R angefahren hatte, sog. *Ingerenz, also pflichtwidrig gefährdendes Vorverhalten.* (Anm.: Zu denken wäre überdies insbesondere an das Mordmerkmal der Verdeckungsabsicht).

Prüfungsschema: Das unechte Unterlassungsdelikt

0. Vorprüfung: Abgrenzung: Tun - Unterlassen
I. Tatbestandsmäßigkeit
    1. Objektiver Tatbestand
    a) Eintritt des tatbestandlichen Erfolgs
    b) Unterlassen, d. h. Nichtvornahme der zur Erfolgsabwendung objektiv gebotenen Handlung trotz physisch-realer Handlungsmöglichkeit
    c) Quasi-Kausalität
    d) Objektive Zurechnung des konkreten Erfolges
    e) Garantenstellung (§ 13 I)
    f) Entsprechungsklausel
    2. Subjektiver Tatbestand
    Vorsatz bezüglich a) bis f) und sonstige subjektive Tatbestandsmerkmale
II. Rechtswidrigkeit
Ein zusätzlicher spezieller Rechtfertigungsgrund ist die rechtfertigende Pflichtenkollision.
III. Schuld
Ein spezieller Entschuldigungsgrund ist die Unzumutbarkeit normgemäßen Verhaltens.

0. Vorprüfung

Ganz allgemein lässt sich folgende Abgrenzung zwischen *aktivem Tun* und *Unterlassen* festhalten: Wer ein Kausalgeschehen durch Einsatz von Energie in Gang setzt oder in eine bestimmte Richtung lenkt, der *„tut"* etwas (= *aktives Tun*). Wer dagegen den Dingen ihren Lauf lässt und von der Möglichkeit des Eingreifens keinen Gebrauch macht, der *„lässt"* etwas (= *Unterlassen*). Probleme bereitet diese Abgrenzung bei *mehrdeutigen* Verhaltensweisen. Die Rechtsprechung und große Teile der Literatur stellen auf den (allerdings wenig trennscharfen) *Schwerpunkt der Vorwerfbarkeit* ab.

Beispiel 3: Ziegenhaarfall: Pinselhersteller P lässt durch seine Arbeiterinnen aus chinesischem Ziegenhaar exklusive Pinsel herstellen. Leider
sind diese mit dem Milzbranderreger infiziert. Vier Arbeiterinnen sterben
an Milzbrand. Liegt hier aktives Tun (Herausgabe der infizierten Haare an
die Arbeiterinnen) oder Unterlassen (Nichtvornahme von Desinfektions-
und Schutzmaßnahmen) vor?

Lösung: Der Schwerpunkt der Vorwerfbarkeit ist hier wohl darin zu seh-
en, dass der P seinen Arbeiterinnen die infizierten Ziegenhaare überlassen hat. Gegeben ist also aktives Tun. Entscheidend ist aber immer
die eigene Argumentation!

I. Tatbestandsmäßigkeit

1. Objektiver Tatbestand

a) Erfolgseintritt

Feststellen des Erfolgseintrittes.

b) Unterlassen

Der Täter muss die zur Erfolgsabwendung objektiv gebotene, also die geeignete und erforderliche Handlung unterlassen. Die *erforderliche* Handlung ist die nach den jeweiligen Umständen des Einzelfalles objektiv richtige Handlung
(situationsabhängig*).* Rechtlich gefordert ist nur das, was
dem Unterlassungstäter in der konkreten Situation physisch-
real möglich ist (*individuelle Handlungsfähigkeit*).

Beispiel 4: Für einen Nichtschwimmer ist es unmöglich, einen Ertrinken-
den zu retten, jedoch kann er unverzüglich Hilfe holen.

c) Quasi-Kausalität

Bei Unterlassungsdelikten muss eine sog. (*Quasi-)Kausali-
tät* gegeben sein. Diese liegt vor, wenn die gebotene Handlung nicht **hinzugedacht** werden kann, ohne dass der konkrete Erfolg mit an Sicherheit grenzender Wahrscheinlichkeit
entfallen würde.

Beispiel 5: Hätte der angetrunkene A in *Beispiel 2* Hilfe geholt bzw. den R in ein Krankenhaus gebracht, so wäre der R nicht gestorben. Folglich war das Unterlassen des A sozusagen ursächlich (quasi-kausal) für den Tod des R.

Testfrage: Wäre der *konkrete Erfolg* mit an Sicherheit grenzender Wahrscheinlichkeit *entfallen*, wenn die gebotene Handlung **hinzugedacht** wird? Entfällt der Erfolg, dann ist das Unterlassen quasi-kausal für den Erfolgseintritt; entfällt der Erfolg nicht, dann ist das Unterlassen nicht quasi-kausal für den Erfolgseintritt!

---

d) Objektive Zurechnung des konkreten Erfolges

Hier erfolgt eine Prüfung des Schutzzweck- und Pflichtwidrigkeitszusammenhangs. Die Handlungspflicht muss also darauf abzielen, gerade den konkret eingetretenen Erfolg zu vereiteln. Ferner muss ein Pflichtwidrigkeitszusammenhang zwischen der Unterlassung und dem Taterfolg bestehen. Der Taterfolg muss gerade auf der Pflichtwidrigkeit der Unterlassung beruhen. Mit anderen Worten: Der Pflichtwidrigkeitszusammenhang entfällt, wenn der Erfolg auch bei *pflichtgemäßem Alternativverhalten*, d. h. bei Vornahme der gebotenen Handlung, eingetreten wäre.

e) Garantenstellung (§ 13)

Gemäß § 13 I macht sich wegen Unterlassens nur derjenige strafbar, der rechtlich dafür einzustehen hat, dass der Erfolg ausbleibt. Allerdings ist der konkrete Inhalt dieser Garantenstellung nicht im Gesetz umschrieben.

Hinweis: Die saubere Begründung der Garantenstellung ist meistens der *Schwerpunkt* der Prüfung eines Unterlassungsdelikts!

Es werden nach neuerer Lehre die *Beschützergaranten*, die bestimmte Rechtsgüter *vor Gefahren schützen* sollen, von den *Überwachungsgaranten*, die bestimmte Gefahrenquellen *überwachen müssen*, unterschieden.

Allerdings können sich beide Funktionen auch überlappen, weswegen keine vollkommene Abgrenzung möglich ist.

aa) Aus folgenden Gründen kann jemand **Beschützergarant** sein:

(1) Aufgrund von *Rechtssätzen* oder enger natürlicher *Verbundenheit* (z. B. Ehegatten, Verwandte gerader Linie, insbesondere Eltern für ihre Kinder (§ 1626 BGB); besonderen Rechtssätze wie z.B. § 1793 BGB).

(2) Andere *Lebens- oder Gefahrengemeinschaften*, z. B. nichteheliche Lebensgemeinschaften und Bergsteigergruppen. Bloße Zufallsgemeinschaften, z. B. Zechkumpanen, werden nicht erfasst. Auch eine Studenten-WG als solche reicht nicht aus, da das bloße Zusammenleben für sich noch keine Garantenstellung begründet. Vielmehr muss ein weiteres Vertrauenselement hinzukommen.

(3) Freiwillige *Übernahme* von *Schutz- und Beistandspflichten*, z. B. als Babysitter, Badeaufsicht, Arzt, Krankenschwester. Entscheidend ist die tatsächliche Übernahme solcher Pflichten, unerheblich ist, ob ein (wirksamer) Vertragsschluss besteht.

(4) Die Garantenstellung kann sich auch aus einer Amtsträgerstellung ergeben, insbesondere bei Umweltdelikten.

Beispiel 6: Eine Behörde unterlässt das Einschreiten bei Umweltverschmutzung z.B. nach § 324 I.

bb) Aus folgenden Gründen kann jemand **Überwachungsgarant** sein:

(1) *Verkehrssicherungspflichten* begründen die Pflicht zur Abwehr von Gefahren, die sich aus dem Zustand von Sachen ergeben. Wer z. B. eine Anlage betreibt (etwa nach dem AtomG) oder ein Tier hält, muss Sicherungsmaßnahmen gegen die davon ausgehenden Gefahren ergreifen.

(2) Überwachungsgarant ist auch, wer eine *Beaufsichtigungspflicht* besitzt, d. h. eine Pflicht zur Beaufsichtigung Dritter, um Gefahren, die von diesen ausgehen, zu verhindern.

Beispiel 7: Das Strafvollzugsanstaltspersonal muss die Gefangenen beaufsichtigen. Entsprechendes gilt für vorgesetzte Amtsträger (vgl. auch § 357) oder für Eltern in Bezug zu ihren noch nicht strafmündigen Kindern.

(3) Auch die **Ingerenz** begründet eine Garantenstellung.

Unter **Ingerenz** versteht man ein pflichtwidriges (h.M.), gefährdendes Vorverhalten. Wer andere durch objektiv pflichtwidriges Verhalten in die drohende Gefahr einer Schädigung bringt, ist verpflichtet, den Eintritt des Schadens zu verhindern und dazu erforderliche Rettungsmaßnahmen zu ergreifen.

Beispiel 8: In *Beispiel 2* (Seite 68) besitzt der angetrunkene Autofahrer A eine Garantenstellung als Überwachungsgarant unter dem Gesichtspunkt seines pflichtwidrig gefährdenden Vorverhaltens (Ingerenz). Dieses pflichtwidrige Vorverhalten besteht darin, dass er den R mit seinem Auto angefahren hat.

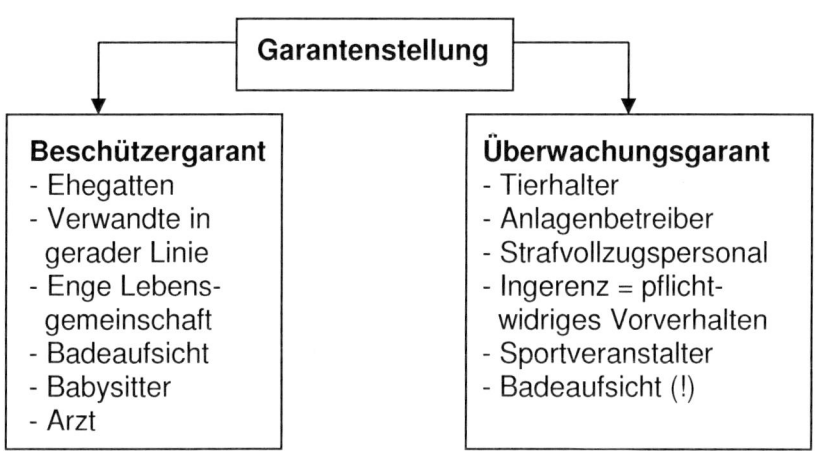

f) Entsprechungsklausel

Der Unterlassungstäter ist nur dann strafbar, wenn das Unterlassen der Verwirklichung des gesetzlichen Tatbestandes durch ein Tun entspricht, sog. *Entsprechungsklausel.* Diese ist bei Erfolgsdelikten bedeutungslos, da es bei ihnen nur auf die Verursachung des Taterfolges ankommt und nicht auf die Art und Weise der Tatbestandsverwirklichung.

Beispiel 9: Bei § 212 kommt es für die Tatbestandsverwirklichung nur auf den Eintritt des *Todes* beim Opfer und nicht auf die Art und Weise der Tötung an.

Die Klausel ist also nur bei *verhaltensgebundenen* Delikten zu prüfen, die eine bestimmte Handlungsmodalität voraussetzen. Hier kommt es dann auf das „Wie" der Tatbestandsverwirklichung an.

Beispiel 10: § 224 I Nr. 5: „lebensgefährdende Behandlung", § 240: „Zwang", § 263: „Täuschung", § 211 II 2. Gruppe: „Heimtücke".

2. Subjektiver Tatbestand

Der Vorsatz des Täters muss sich auf *alle* objektiven Tatbestandsmerkmale beziehen, d. h. auch auf die *Umstände,* die seine *Garantenstellung* begründen. Unkenntnis hierüber führt zu einem Tatbestandsirrtum gemäß § 16 I. Irrt der Täter über die aus seiner Garantenstellung resultierende *Garantenpflicht,* also die Pflicht zum Tätigwerden, so liegt ein *Verbotsirrtum* in Form des Gebotsirrtums i. S. d. § 17 vor.

Hinweis: Zu den Irrtümern siehe Lektion 9.

II. Rechtswidrigkeit

Es gelten die allgemeinen Rechtfertigungsgründe. Hinzu kommt jedoch der bereichsspezifische Rechtfertigungsgrund der **rechtfertigenden Pflichtenkollision.** Eine rechtfertigende Pflichtenkollision liegt vor, wenn mehrere Handlungspflichten für den Täter bzw. Verpflichteten existieren, er jedoch nur *eine* erfüllen kann. Unerheblich, wie er sich verhält, muss er eine von beiden Pflichten verletzen. Eine Rechtfertigung liegt dann vor, wenn der Verpflichtete bei *gleichwertigen Pflichten* eine von beiden erfüllt oder bei *ungleichwertigen Pflichten* die höherwertige erfüllt.

Das im Einzelfall zu bestimmende *Rangverhältnis* hängt von dem Grad der Gefahr für die jeweiligen Rechtsgüter, vom Wert der gefährdeten Güter - z. B. Leben, Gesundheit, Vermögen -, von der Wahrscheinlichkeit eines Schadenseintritts und von der rechtlichen Beziehung des Täters zum geschützten Rechtsgut (Garantenstellung oder bloße Hilfspflicht) ab.
Es muss also eine Abwägung erfolgen. Allerdings dürfen keinerlei Erwägungen z. B. nach der Lebenserwartung angestellt werden! Bei Gleichwertigkeit der geschützten Rechtsgüter hat der Verpflichtete ein Wahlrecht.

Beispiel 11: Vater V befindet sich mit seinem einjährigen Kind und seiner gelähmten Mutter im 2. Stock des Hauses als ein Brand ausbricht und sich rasch ausbreitet. Er erkennt sofort, dass er nur das Kind *oder* die Mutter retten kann. Er nimmt sein Kind und kommt gerade noch durch das Treppenhaus ins Freie. Die Mutter kommt ums Leben. Hat V sich wegen Totschlags durch Unterlassen gemäß §§ 212, 13 strafbar gemacht?

Lösung: Die Voraussetzungen der rechtfertigenden Pflichtenkollision liegen vor. V ist also gerechtfertigt, eine Strafbarkeit nach §§ 212, 13 scheidet aus. (Anm.: V wäre auch gerechtfertigt, wenn er die Mutter gerettet hätte).

Prüfungsschema: Pflichtenkollision

1. Bestehen zweier (oder mehrerer) Handlungspflichten
2. Nur eine der Pflichten ist erfüllbar
3. Täter erfüllt die höher- oder wenigstens die gleichrangige Pflicht

III. Schuld

Für die Schuld gilt das zum vorsätzlichen Begehungsdelikt Gesagte. Hinzu kommt jedoch der besondere Entschuldigungsgrund der *„Unzumutbarkeit normgemäßen Verhaltens"*. Siehe dazu die Ausführungen zum Fahrlässigkeitsdelikt, Seite 64 f.

> ▶ **Literatur zu dieser Lektion**

📖 Skript **Standardfälle Strafrecht für Anfänger**, **Band 1**, Fall 12

📖 Otto/Brammsen, **Jura** 1985, 530; 592 (Grundfälle)

Lektion 8: Täterschaft und Teilnahme

Unter Täterschaft und Teilnahme werden die verschiedenen Formen der Beteiligung an Straftaten zusammengefasst. Das Gesetz unterscheidet bei der **Täterschaft** zwischen *unmittelbarer Täterschaft* (Alleintäterschaft) gemäß § 25 I, 1. Alt., *mittelbarer Täterschaft*, § 25 I, 2. Alt. und *Mittäterschaft*, § 25 II. Formen der **Teilnahme** sind die *Anstiftung*, § 26 und die *Beihilfe*, § 27.

Zur Abgrenzung zwischen Täterschaft und Teilnahme sind verschiedene Theorien entwickelt worden:

- Nach der Rechtsprechung erfolgt die Abgrenzung gemäß der **gemischt subjektiv-objektiven Theorie**. Demnach ist derjenige Täter, der mit *Täterwillen* handelt (*animus-auctoris*) und die Tat als „eigene" will. Teilnehmer ist, wer lediglich Teilnehmerwillen (*animus socii)* besitzt und die Tat als „fremde" veranlassen oder fördern will. Dabei zieht die Rechtsprechung im Rahmen der animus-Theorie objektive Merkmale zur Ermittlung des Täterwillens heran. So soll insbesondere der *Umfang der Tatbeteiligung* sowie das *Interesse am Taterfolg* (z.B. Beteiligung an einer Beute) eine Rolle spielen. Daher wird die Vorgehensweise der Rechtsprechung leicht scherzhaft bisweilen auch als „Würfeltheorie" bezeichnet. Die genannten Merkmale sind dabei im Rahmen einer *Gesamtschau* zu würdigen.

- Dagegen beurteilt sich nach der **Lehre von der Tatherrschaft** (herrschende Meinung in der Literatur) die Täterschaft danach, ob der Handelnde den tatbestandsmäßigen Geschehensablauf in den Händen hält. Mit anderen Worten: Der Täter ist die *Zentralgestalt* des konkreten Handlungsablaufes (Begriffsbildung nach *Roxin*). *Tatherrschaft* hat derjenige, der festlegt, ob und wie die Tat abläuft und einen entsprechenden Willen besitzt. Der Teilnehmer ist dagegen eine *Randfigur*, die das „Ob" und „Wie" vom Willen eines anderen abhängig macht. Der Teilnehmer fördert die Tatbestandsverwirklichung also nur, ohne Einfluss auf den Ablauf zu haben.

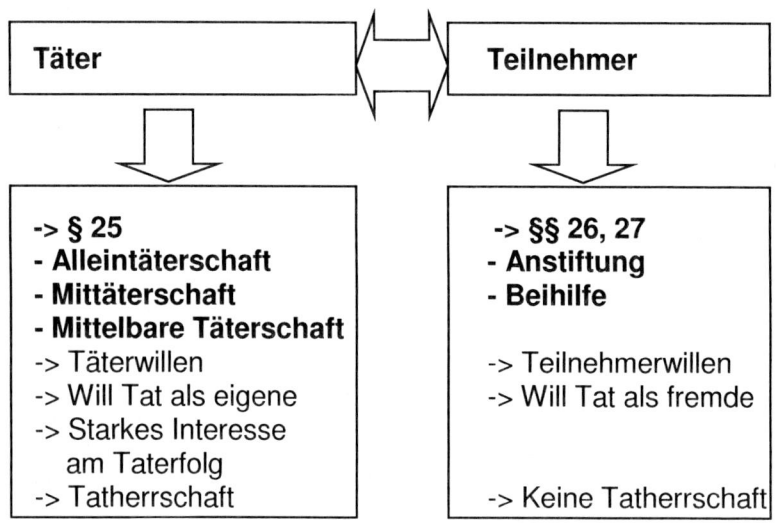

Täter	Teilnehmer
-> § 25 - **Alleintäterschaft** - **Mittäterschaft** - **Mittelbare Täterschaft** -> Täterwillen -> Will Tat als eigene -> Starkes Interesse am Taterfolg -> Tatherrschaft	-> §§ 26, 27 - **Anstiftung** - **Beihilfe** -> Teilnehmerwillen -> Will Tat als fremde -> Keine Tatherrschaft

A. Erscheinungsformen der Täterschaft, § 25

I. Alleintäterschaft, § 25 I, 1. Alt.

Täter ist, wer alle Tatbestandsmerkmale in seiner Person verwirklicht. Unter § 25 I, 1. Alt. fällt im Übrigen auch der nicht spezifisch normierte sog. „Nebentäter".

II. Mittelbare Täterschaft, § 25 I, 2. Alt.

Mittelbarer Täter ist, wer eine Straftat „durch einen Anderen" (den sog. *Tatmittler*, das „menschliche Werkzeug") begeht. Das Werkzeug bzw. der Tatmittler ist praktisch der verlängerte Arm des mittelbaren Täters. Dem mittelbaren Täter werden deshalb die Tathandlungen des Tatmittlers so zugerechnet, als ob er sie eigenhändig ausgeführt hätte. Die

Rechtsprechung des BGH stellt auf die *Tatherrschaft kraft überlegenen Wissens* ab. Der „Hintermann" ist dann mittelbarer Täter, wenn er eine überlegene Stellung hinsichtlich des Tatgeschehens hat, woraus für den Tatmittler, der ja selbst den Tatbestand eigenhändig verwirklicht, eine unterlegene Position folgt.

Der Tatmittler besitzt also gegenüber dem „Hintermann" meist ein „Minus" an Wissen oder Willen. Er kann wie folgt handeln:

1. Tatbestandslos

Hierzu zählen die Fälle der Selbstverletzung (außerhalb des § 109) bzw. der Selbsttötung.

Beispiel 1: R gaukelt dem X vor, X leide an Krebs und werde einen langsamen, schmerzhaften Tod erleiden. Deswegen solle er sich überlegen, ob er sich nicht das Ganze ersparen wolle. X bringt sich um, obwohl er in Wirklichkeit völlig gesund war. - Hier ist eine überlegene Wissens- und Willensherrschaft des Hintermannes R gegeben. Daher liegt ein klassischer Fall der mittelbaren Täterschaft vor.

2. Ohne Tatbestandsvorsatz

Hier kennt der Tatmittler ein Merkmal nicht, das zum gesetzlichen Tatbestand gehört, den er verwirklichen soll.

Beispiel 2: Trickdieb T bittet den Hoteljungen H, „seinen" Koffer, der in der Lobby steht, ins Zimmer zu bringen. H bringt ihn dem T in dem Glauben, dass er dem T gehöre. In Wahrheit gehört der Koffer aber dem X, der von allem nichts mitbekommt. - Hier hatte T kraft seines überlegenen Wissens hinsichtlich der „Fremdheit" (Vgl. § 242: „fremde bewegliche Sache") des Koffers eine derart mächtige Position, dass er das Geschehen planvoll lenkend in den Händen hielt. Er ist daher als mittelbarer Täter anzusehen.

3. Ohne spezifische Absicht, sog. absichtslos-doloses Werkzeug

Beispiel 3: T bittet X, der in einer WG mit dem Kommilitonen K wohnt, den „Schönfelder" des K aus dessen Zimmer zu holen und ihm zu geben. T behauptet wahrheitswidrig, er wolle ihn dem K in Kürze zurückgeben. X gibt dem T den „Schönfelder". Strafbarkeit des T?

Lösung: X nahm zwar gemäß § 242 den Schönfelder gegen den Willen des K weg, hatte aber – da er den Schönfelder an T ausleihen wollte – nicht die *Absicht*, den Schönfelder sich selbst oder dem T i. S. d. § 242 *zuzueignen*. Es fehlt am Eventualvorsatz bezogen auf die dauerhafte Enteignung des K. Daher ist X ein absichtslos-doloses Werkzeug des T. Also ist T wie in *Beispiel 2* als mittelbarer Täter zu bestrafen!

4. Rechtmäßig

Hier handelt der Tatmittler zwar tatbestandsmäßig, aber nicht rechtswidrig.

Beispiel 4: Aufgrund falscher Angaben des mittelbaren Täters, z. B. durch Erstattung einer wissentlich unwahren Anzeige, erfolgt die vorläufige Festnahme eines Unschuldigen. -> Hier beruht die Tatherrschaft des mittelbaren Täters auf besserer Sachkenntnis. Er ist daher wegen Freiheitsberaubung (§ 239) in mittelbarer Täterschaft zu bestrafen.

5. Schuldlos

Die Straftat wird vom Tatmittler zwar tatbestandsmäßig und rechtswidrig begangen, seine Schuld entfällt aber zum Beispiel wegen Geisteskrankheit, Minderjährigkeit (ein 8-jähriges Kind ist z.B. nach § 19 schuldunfähig) oder Nötigungsnotstand (s.o.). Die Tatherrschaft des Hintermannes ist in der Regel gegeben, wenn der Hintermann die Gründe für die Schuldlosigkeit kennt und ausnutzt.

Beispiel 5: R zwingt X mit vorgehaltenem Gewehr, den Y zu verprügeln. Hier ist eine Strafbarkeit des X wegen Körperverletzung (§ 223) denkbar. Die Körperverletzung durch X ist nicht durch Notwehr gemäß § 32 gerechtfertigt, da von Y kein Angriff auf X ausging. Auch eine Rechtfertigung nach § 34 (Notstand) scheidet aus, vgl. Bsp. 4, S. 44! X ist jedoch nach § 35 wegen Nötigungsnotstand entschuldigt und handelt daher schuldlos. R ist damit mittelbarer Täter.

6. Sonderfall: Volldeliktisches Handeln des Tatmittlers

Auch dann, wenn der Vordermann, also der Tatmittler, selbst volldeliktisch und schuldhaft handelt, hält die h. M. eine mittelbare Täterschaft des Hintermannes für möglich. Allerdings muss dann der Hintermann infolge seiner Überlegenheit den Eintritt des tatbestandlichen Erfolges gesteuert haben.

Beispiel 6: Mafia-Boss B steuert und plant, was seine Leute zu tun und zu lassen haben. Ein perfekt aufgebauter Machtapparat stellt dabei sicher, dass er stets die Zügel in den Händen hält. Bringen die Leute des B auf dessen Anweisung z.B. jemanden um, so handeln sie zwar volldeliktisch und sind (ggf. wegen Mordes) strafbar. Jedoch hat B aufgrund seines Machtapparates den Eintritt des Erfolges (Tod) gesteuert und ist daher mittelbarer Täter (sog. „Täter hinter dem Täter").

Prüfungsschema: Mittelbare Täterschaft

I. Strafbarkeit des Tatmittlers (Tb, Rw, Schuld)
II. Strafbarkeit des Hintermannes
1. Tatbestandsmäßigkeit
a) Objektiver Tatbestand
    aa) Feststellen, dass Begehung durch „einen Anderen" i. S. d. § 25 I, 2. Alt. erfolgte
    bb) Tatherrschaft des Hintermanns: Beherrschung des Vordermannes bzw. Tatmittlers aufgrund einer Willens- und/oder Wissensüberlegenheit => Abgrenzung: Täterschaft - Teilnahme (vor allem Anstiftung berücksichtigen!)
    cc) Strafbarkeitsmangel beim Tatmittler => siehe Fallgruppen 1. bis 5. Ausnahmsweise kann mittelbare Täterschaft auch bei volldeliktischem Handeln vorliegen.
b) Subjektiver Tatbestand
    aa) Vorsatz bezüglich Erfüllung der objektiven Tatbestandsmerkmale durch den Tatmittler
    bb) Vorsatz bezüglich eigener Tatherrschaft und der unterlegenen Stellung des Tatmittlers
    cc) Besondere subjektive Merkmale (z. B. Zueignungsabsicht, § 242)

2. Rechtswidrigkeit

3. Schuld

III. Mittäterschaft, § 25 II

Die Mittäterschaft beschreibt Fälle, in denen mehrere gemeinschaftlich eine Straftat durch bewusstes und gewolltes Zusammenwirken begehen. Charakteristisch dafür ist, dass die Mittäter aufgrund eines *gemeinsamen Tatentschlusses* als gleichberechtigte Partner arbeitsteilig und nach einer bestimmten Rollenverteilung gemeinsam tätig werden. So steuert also jeder Mittäter seinen Beitrag zum Gelingen der Tat bei. Aus diesem Grund wird jedem Mittäter der vereinbarte Tatbeitrag der anderen Mittäter zugerechnet, so, als habe er ihn eigenhändig verwirklicht. Dies nennt man *wechselseitige Zurechnung*.

Wenn die Beteiligten das Delikt in arbeitsteiliger Weise begehen und sich nur durch das Zusammenwirken der jeweiligen Tatbeteiligten das Vorliegen aller objektiven Tatbestandsmerkmale ergibt, dann ist eine *gemeinsame* Prüfung der Mittäter zu empfehlen. Sofern einer der Täter hingegen den Tatbestand eigenhändig komplett verwirklicht, sollte seine Prüfung ohne Nennung des § 25 II im Obersatz erfolgen (s.u.).

Prüfungsschema: Mittäterschaft

I. Tatbestandsmäßigkeit
1. Objektiver Tatbestand
     a) Gemeinschaftliche Tatbegehung
     b) Gegenseitige Zurechnung der jeweiligen Tatbeiträge gemäß § 25 II aufgrund eines *gemeinsamen Tatplans*
     => hier wieder die subjektive Theorie und die Tatherrschaftslehre ansprechen.
2. Subjektiver Tatbestand (=> hier muss nun jeder Beteiligte gesondert geprüft werden, da § 25 II nichts Subjektives zurechnet)
     a) Vorsatz bezüglich Erfüllung der objektiven Tatbestandsmerkmale einschließlich des Wissens und Wollens des gemeinschaftlichen Handelns
     b) Besondere subjektive Merkmale

II. Rechtswidrigkeit (für jeden Beteiligten gesondert zu prüfen)

III. Schuld (für jeden Beteiligten gesondert zu prüfen, vgl. auch § 29)

Beispiel 7: A und B rauben gemeinsam eine Bank aus. Der A hält das Bank-Personal mit seiner Pistole in Schach, während der B das Geld in eine Plastiktüte stopft. -> Hier erfolgt eine wechselseitige Zurechnung der jeweiligen Tatbeiträge (Vorhalten der Pistole als qualifizierte Drohung, Einstecken des Geldes als Wegnahme).

Wenn nun aber ein Beteiligter den Gesamttatbestand voll verwirklicht hat und der andere Beteiligte dagegen nur einen oder gar keinen Teil des objektiven Tatbestandes verwirklicht oder die Tat vorbereitet oder unterstützt hat, dann sollte getrennt geprüft werden, wobei mit dem *Tatnächsten* begonnen wird! Beim zweiten Täter muss dann festgestellt werden, inwiefern die Tatbeiträge des Tatnächsten ihm über § 25 II zugerechnet werden können.

Beispiel 8: A hat den Bankraub geplant und per Funk koordiniert. Er wartet zu Hause, bis der B mit dem geraubten Geld zurückkehrt. -> Hier ist zunächst die Strafbarkeit des B (Raub/Räuberische Erpressung) zu prüfen. Anschließend ist darzulegen, inwiefern die Tat des B dem A über § 25 II zugerechnet werden kann. Maßgebend ist, ob ein gemeinsamer Tatplan bestand und der A Tatherrschaft, Täterwillen sowie ein eigenes Interesse am Erfolg hatte. Nur nach einer Mindermeinung ist erforderlich, dass der Mittäter einen Teil der konkreten Tat eigenhändig erbringt.

IV. Sonderfall: Sukzessive Mittäterschaft

Der gemeinsame Tatentschluss muss zwar grundsätzlich *vor* Tatbegehung gefasst werden, jedoch ist es auch möglich, noch *während* der Tatausführung einen solchen gemeinsamen Tatentschluss herzustellen, sog. *sukzessive Mittäterschaft.* Die sukzessive Mittäterschaft wird also dann relevant, falls *kein* gemeinsamer Tatplan vorliegt!

Beispiel 9: R und T gehen in ein Feinkostgeschäft. R sieht eine teure Flasche Champagner und nimmt sie - ohne dies mit T abgesprochen zu haben - an sich. T lenkt in gegenseitigem Einvernehmen die Kassiererin ab. Anschließend trinken sie die Flasche gemeinsam aus. - Hier wurde der erforderliche Tatentschluss zwischen R und T erst während der Tatbegehung gefasst. Damit ist sukzessive Mittäterschaft gegeben. Also haben sich R und T als Mittäter im Sinne des § 25 II strafbar gemacht.

84

B. Erscheinungsformen der Teilnahme, §§ 26, 27

Unter **Teilnahme** versteht man die Mitwirkung an *fremder* Tatbestandsverwirklichung. Sowohl die *Anstiftung* (§ 26) als auch die *Beihilfe* (§ 27) setzen eine *vorsätzlich* und *rechtswidrig*, nicht unbedingt *schuldhaft* begangene *Haupttat* voraus, sog. *limitierte Akzessorietät der Teilnahme*. Die Teilnahme ist nur strafbar, wenn die Haupttat zumindest in das Stadium des strafbaren Versuchs gelangt ist, andernfalls gibt es ja gar keine Haupttat. Dabei ist zu beachten, dass versuchte Beihilfe immer straflos ist. Versuchte Anstiftung ist hingegen nur dann strafbar, wenn zu einem Verbrechen angestiftet wird (§ 30).

I. Anstiftung (§ 26)

Unter *Anstiftung* versteht man die vorsätzliche Bestimmung eines anderen zu einer konkreten rechtswidrigen Tat.

Beispiel 10: A überredet B, den C umzubringen. B tötet den C. Strafbarkeit des A?

Lösung: Die Tötung des C war eine vorsätzliche rechtswidrige Haupttat, zu der der A nach § 26 angestiftet hat.

„**Bestimmen**" bedeutet Hervorrufen des Tatentschlusses.

Ausreichend ist dabei jede ursächliche oder auch nur *mitursächliche* Handlung des Anstifters. Mittel der Anstiftung können demnach zum Beispiel Drohung, Geschenke, Überredung, Angebot einer Belohnung, Irreführung des Täters oder konkludente Aufforderungen und Anregungen sein. Eine Anstiftung ist jedoch nur möglich, solange der Täter selbst noch *unentschlossen* ist und die Handlung des Anstifters ihn zur Tatausführung bewegt. Ist der Haupttäter lediglich zur Tat *geneigt* und hat also noch keinen unbedingten Tatentschluss gefasst, so ist eine Anstiftung möglich!

Subjektiv setzt die Anstiftung den sog. **doppelten Vorsatz** des Anstifters voraus. Der Vorsatz muss sich darauf beziehen

- dass beim Täter der Tatentschluss hinsichtlich der konkreten Tat hervorgerufen wird
- dass die Tat durch den Täter ausgeführt und vollendet wird.

Prüfungsschema: Anstiftung

I. Tatbestandsmäßigkeit
1. Objektiver Tatbestand
      a) Teilnahmefähige vorsätzliche, rechtswidrige Haupttat
      b) „Bestimmen" = Hervorrufen des Tatentschlusses
2. Subjektiver Tatbestand: *Doppelter* Anstiftervorsatz
      a) Vorsatz bezüglich „Bestimmen"
      b) Vorsatz bezüglich Vollendung der Haupttat
II. Rechtswidrigkeit
III. Schuld

II. Beihilfe, § 27

Beihilfe bedeutet Förderung der Haupttat eines anderen und ist daher die schwächere Form der Teilnahme. Dies schlägt sich vor allem in der obligatorischen Strafmilderung in § 27 II 2 nieder. Die Beihilfe erfolgt in der Form der physischen oder der psychischen Beihilfe.

Beispiel 11: R plant einen Einbruch in einem Kaufhaus. Da er keinen Kleinlaster hat, bittet er seinen Freund T, ihm seinen Laster zur Verfügung zu stellen, damit er die gestohlenen Sachen abtransportieren kann. T gibt ihm diesen. Strafbarkeit des T, nachdem R den Einbruch vorgenommen hat?

Lösung: T hat sich wegen Beihilfe zu dem Diebstahl des R strafbar gemacht.

> Ein „**Hilfeleisten**" liegt in jedem Tatbeitrag, der die Haupttat ermöglicht oder erleichtert oder die Rechtsgutsverletzung verstärkt.

Beispiel 12: Psychische Unterstützung ist z.b. die Ermutigung oder der Rat.

Beispiel 13: Physische Unterstützung erfolgt durch Schmiere stehen, Verschaffen von Plänen, Beschaffung der Mordwaffe, Bereitstellen von Hilfsmitteln.

Streitig ist, ob der Gehilfenbeitrag für den *Erfolg der Haupttat* oder nur für die *Handlung* ursächlich geworden sein muss.

- Die Rechtsprechung und ein Teil der Lehre stellen darauf ab, ob die Hilfeleistung die *Handlung* des Haupttäters irgendwie *gefördert* hat. Die Hilfeleistung braucht jedoch *nicht ursächlich* für den Erfolg der Haupttat selbst gewesen zu sein.
- Dagegen wendet die herrschende Lehre die allgemeinen Kausalitätsregeln an, da andernfalls faktisch bereits der Versuch der Beihilfe unter Strafe gestellt werde. Des Weiteren fordert die Literatur überwiegend, dass der Gehilfenbeitrag die Chancen des Taterfolgs zumindest erhöht hat.

Beispiel 14: Obwohl R in *Beispiel 11* selbst in der Lage ist, einen ihm selbst gehörenden Laster zu steuern und das Diebesgut fortzuschaffen, fährt T ihn zum Kaufhaus und hilft beim Abtransport des Diebesguts. Liegt ein „Hilfeleisten" durch T vor?

Lösung: Hier war die Hilfeleistung des T für R zwar nicht erforderlich und damit nicht ursächlich für den Taterfolg, doch hat der Beitrag des T den Diebstahl des R tatsächlich gefördert und die Chancen des Taterfolgs erhöht. Ein „Hilfeleisten" ist nach Ansicht der Rechtsprechung daher gegeben.

Beihilfe kann noch zwischen der Vollendung (= Erfüllung aller Tatbestandsmerkmale) und Beendigung der Tat (= Abschluss des Delikts in tatsächlicher Hinsicht) geleistet werden. Man spricht dann von *sukzessiver Beihilfe.* Von einem Teil des Schrifttums wird diese Rechtsfigur allerdings wegen Verstoßes gegen Art. 103 II GG generell abgelehnt. Setzt die Unterstützung erst *nach der Beendigung* der Tat ein, dann ist allerdings unstreitig keine Beihilfe zur Haupttat mehr möglich, allenfalls können nachträgliche Handlungen als Folgedelikte (z. B. §§ 257, 258, 259) strafbar sein.

Beispiel 15: R hat die ganze Elektro-Abteilung des Kaufhauses ausgeräumt und lagert diese nun bei sich zu Hause im Keller. Da er aber vor einer Wohnungsdurchsuchung Angst hat, bittet er seinen Freund T, die Elektrogeräte bei sich zu verstauen, bis die Gefahr einer Durchsuchung vorbei ist. Beihilfe des T?

Lösung: Hier setzt das Hilfeleisten des T erst nach der Beendigung der Tat ein, so dass keine Beihilfe daran möglich ist. Möglich ist jedoch eine Strafbarkeit wegen Begünstigung nach § 257. (Anm.: In der Klausur müsste man auch die Strafvereitelung nach § 258 und sogar die Hehlerei nach § 259 prüfen).

Der **Gehilfenvorsatz** muss sich auf die eigene Unterstützungshandlung und auf die Vollendung einer bestimmten „vorsätzlich begangenen rechtswidrigen" Haupttat richten. Es genügt, dass das Vorstellungsbild des Gehilfen den wesentlichen Unrechtsgehalt der Haupttat umfasst.

Prüfungsschema: Beihilfe

I. Tatbestandsmäßigkeit
1. Objektiver Tatbestand
    a) Teilnahmefähige vorsätzliche, rechtswidrige Haupttat
    b) „Hilfeleisten" zur (Haupt-) Tat eines anderen, d. h.
    physische oder psychische Unterstützung des Haupttäters
2. Subjektiver Tatbestand (Doppelter Gehilfenvorsatz)
    a) Vorsatz bezüglich „Hilfeleisten"
    b) Vorsatz bezüglich Vollendung der Haupttat
II. Rechtswidrigkeit
III. Schuld

88

Hinweis: Auf eine Darstellung des **§ 28** (Tatbestandsverschiebung) wurde in dieser Lektion verzichtet, um den Einstieg in die Thematik einfach und übersichtlich zu gestalten. Das Basiswissen zu § 28 vermitteln 📖 Fischer/Gutzeit, **JA** 1998, 41.

▶ Literatur zu dieser Lektion

📖 Skript **Standardfälle Strafrecht für Anfänger, Band 1**, Fall 12

📖 Skript **Standardfälle Strafrecht für Anfänger, Band 2**, Fälle 5,7

📖 Thoss, **Jura** 1998, 425 (Mittelbare Täterschaft)

📖 Fahl, **JA** 1997, 11 (Beihilfe)

📖 Geppert, **Jura** 1997, 299; 358 (Anstiftung)

📖 Sonnen, **JA** 1997, 362 (Mittäterschaft)

Lektion 9: Irrtümer

I. Tatbestandsirrtum gemäß § 16 I S.1

Der Tatbestandsirrtum beschreibt Fälle, in denen der Täter bei Begehung der Tat einen Umstand nicht kennt, der zum gesetzlichen Tatbestand gehört. Dieser Irrtum schließt also den Vorsatz aus. Beim Tatbestandsirrtum handelt es sich daher um einen Irrtum auf der Sachverhaltsebene. Er kann sich auf *deskriptive* wie *normative* Tatbestandsmerkmale beziehen. Zu diesen Begriffen vgl. Lektion 1, S. 18. Bei *deskriptiven* Tatbestandsmerkmalen führt die Unkenntnis des Täters von diesem Merkmal zum Vorsatzausschluss.

Beispiel 1: Sportschütze R schießt auf einer verlassenen Baustelle auf einen Bretterzaun, um sein neues Gewehr auszuprobieren. Er wusste nicht, dass sich hinter dem Bretterzaun ein Kind versteckt hatte. Dieses hatte Angst, es könnte bestraft werden, weil man nicht auf Baustellen spielen darf. Das Kind wird getroffen und stirbt. Hat R sich wegen Totschlags nach § 212 strafbar gemacht?

Lösung: R konnte das Kind nicht sehen und wusste also nicht, dass er auf ein Kind zielt. Eine vorsätzliche Tötung ist deshalb nach § 16 I S. 1 ausgeschlossen. Allerdings ist § 16 I S. 2 zu beachten! Danach bleibt eine Bestrafung wegen fahrlässiger Begehung unberührt. R hat sich demnach nach § 222 wegen fahrlässiger Tötung strafbar gemacht, weil ihm angesichts des ungesicherten Herumschießens eine Sorgfaltspflichtverletzung vorzuwerfen ist.

Bei den *normativen* Tatbestandsmerkmalen genügt es, wenn der Täter aufgrund einer „*Parallelwertung in der Laiensphäre*" den wesentlichen rechtlich-sozialen Bedeutungsgehalt des Tatumstandes laienhaft erfasst. Dies lässt den Vorsatz dann unberührt (dann liegt nur ein Subsumtionsirrtum im engeren Sinne vor). Nicht erforderlich ist die richtige Subsumtion des in seiner Bedeutung erkannten Tatumstands unter das entsprechende Tatbestandsmerkmal eines Delikts. Häufig liegt die Situation vor, dass der Täter die Sachlage zwar voll erfasst, aber irrig annimmt, sein Verhalten falle nicht unter das Strafgesetz.

Beispiel 2: „Bierdeckelfall": T entfernt in der Kneipe Bier-Striche auf seinem Bierdeckel. Er glaubt, Bierdeckel mit Bier-Strichen seien keine Urkunden. Ist dem T ein vorsatzausschließender Tatbestandsirrtum hinsichtlich des Merkmals „Urkunde" i.S.d. §§ 267, 274 I Nr. 1 unterlaufen?

Lösung: Da T den Sachverhalt kennt, liegt kein Irrtum über „Tatumstände" i. S. d. § 16 vor. Allerdings legt T ein Tatbestandsmerkmal unrichtig aus. Dies stellt einen Subsumtionsirrtum dar. Die *Testfrage* könnte lauten: Hat T den rechtlich-sozialen Bedeutungsgehalt des Tatbestandsmerkmales „Urkunde" laienmäßig richtig erfasst? Oder anders: Glaubt T wirklich, dass die Striche auf dem Bierdeckel für den Beweis seiner Zeche nicht geeignet seien? Nur in diesem Fall hätte er den rechtlich-sozialen Bedeutungsgehalt des Tatbestandsmerkmales „Urkunde" nicht richtig erfasst. Und nur dann läge ein beachtlicher Subsumtionsirrtum vor, der nach § 16 I S. 1 den Vorsatz ausschließt.

II. Der Irrtum über das Tatobjekt (error in persona vel objecto)

Als Irrtum über das Tatobjekt meint der *error in persona vel objecto* eine Verwechslung des Tatobjekts durch Irrtum über seine Identität oder Eigenschaften. Der Täter trifft also das von ihm anvisierte Tatobjekt, dieses hat jedoch eine andere als die Identität, die er sich vorgestellt hatte. Nach ganz herrschender Meinung soll bei *Gleichwertigkeit* der Objekte ein unbeachtlicher Motivirrtum, d. h. eine nur unwesentliche Abweichung vom Kausalverlauf vorliegen und daher der Vorsatz nicht gemäß § 16 I S. 1 entfallen, weil der Täter die von ihm anvisierte Person bzw. das anvisierte Objekt auch getroffen hat.

Beispiel 3: R will T töten. Aufgrund einer Verwechslung zielt er aber unwissentlich gar nicht auf T, sondern auf den X und trifft diesen tödlich. Strafbarkeit des R?

Lösung: Hier sind die Handlungsobjekte tatbestandlich *gleichwertig* (T und X sind beide Menschen). Da der vorgestellte und der verwirklichte Tatbestand identisch sind, liegt eine Strafbarkeit wegen Totschlages vor. Die Abweichung in der Person des Getöteten ist ein unbeachtlicher Motivirrtum!

Anderes gilt, wenn die Handlungsobjekte ungleichwertig sind.

Beispiel 4: R will seinen verhassten Nachbarn T töten. Eines Abends schießt er und trifft eine Statue im Garten des T, die er in der Dunkelheit für den T hielt. Strafbarkeit des R?

Lösung: Hier hat sich R über das Handlungsobjekt geirrt. Der Tatvorsatz war auf einen *Menschen* gerichtet, während der Erfolg in anderer Form an einer *Sache* eintrat. Die Handlungsobjekte Mensch und Sache sind tatbestandlich *ungleichwertig*. Vorsätzliche Sachbeschädigung scheidet also gemäß § 16 I aus, fahrlässige Sachbeschädigung ist nicht strafbar! Allerdings ist R wegen versuchten Totschlages gemäß §§ 212, 22 zu bestrafen.

Bei rechtlich *nicht gleichwertigen* Angriffsobjekten liegt also *Versuch* bezüglich des verfehlten und (sofern strafbar) *Fahrlässigkeit* bezüglich des getroffenen Objekts vor.

III. Das Fehlgehen der Tat (aberratio ictus)

Eine *aberratio ictus* liegt dann vor, wenn der Täter das anvisierte Ziel verfehlt und stattdessen ein anderes Tatobjekt trifft, das er gar nicht anvisiert hatte und auch nicht verletzen wollte. Hier sind also Angriffs- und Verletzungsobjekt verschieden!

Die aberratio ictus führt bei fehlender tatbestandlicher Gleichwertigkeit und nach h.M. auch bei gegebener tatbestandlicher Gleichwertigkeit der Objekte *stets* zum Vorsatzausschluss bezüglich des getroffenen Objekts. Somit ergeben sich folgende Rechtsfolgen:

- Bezüglich des Angriffsobjekts: Der Täter wollte die anvisierte Person töten bzw. Sache beschädigen, dieser Erfolg blieb jedoch aus. Hier liegt ein *Versuch* vor.
- Bezüglich des verletzten Objekts:
  1. Falls der Täter die Tötung/Beschädigung des Zweitobjekts nicht in Kauf genommen hat, ist eine

Strafbarkeit wegen einer *Fahrlässigkeitstat* gegeben, sofern diese gesetzlich normiert ist;

2. Falls der Täter die Tötung/Beschädigung des Zweitobjekts in Kauf genommen hat, ist eine *Vorsatztat* gegeben.

Beispiel 5: R zielt auf T. Die Kugel prallt an einer Wand ab und trifft nicht den anvisierten T, sondern den zufällig vorbeikommenden X tödlich. Strafbarkeit des R?

Lösung: Hier trat der Verletzungserfolg an einem anderen als dem anvisierten Objekt ein. Gegeben ist also eine Strafbarkeit wegen versuchten Totschlages an T und wegen fahrlässiger Tötung des X. Hätte allerdings R damit gerechnet, dass auch der Unbeteiligte X tödlich getroffen werden könnte und hätte er sich damit abgefunden, so wäre er wegen Totschlags zu bestrafen.

IV. Auswirkungen einer Objektsverwechslung des Haupttäters für den Anstifter (Rose-Rosahl)

Beispiel 6: Zuhälter R bittet den Auftragskiller X, den T gegen Bezahlung von 15.000 Euro zu erschießen. R gibt dem X vage Informationen über das Erscheinen des T. X legt sich nachts auf die Lauer, um T zu erschießen. Aufgrund einer Verwechslung erschießt er jedoch den M, der dem T sehr ähnlich sah. Wie wirkt sich dieser Irrtum des X auf R aus?

Lösung: 1) In der *Literatur* wird der Irrtum des Haupttäters für den Anstifter überwiegend nach den Grundsätzen der *aberratio ictus* gelöst. Es wird die Abweichung des wirklichen Tatablaufs vom geplanten als wesentlich betrachtet. R hat sich danach nicht wegen einer vollendeten Anstiftung zum Totschlag bzw. Mord strafbar gemacht.

2) Nach der Auffassung des *BGH* und eines Teils der Lehre führt die Verwechslung der Tatobjekte bei deren Gleichwertigkeit nur zu einer unwesentlichen Abweichung vom Tatplan. Der Anstifter muss sich daher im Rahmen des nach der Lebenserfahrung Vorhersehbaren den gesamten Taterfolg zurechnen lassen. Mit anderen Worten: Nach dem BGH ist die Beachtlichkeit nur dann für den Anstifter zu bejahen, wenn die Verwechslung durch den Täter außerhalb der allgemeinen Lebenserfahrung liegt. Hier hat R dem X nur vage Beschreibungen über das Erscheinen des T gegeben, er hat also die Konkretisierung des Opfers dem X überlassen. Somit lag es nicht außerhalb der Lebenswahrscheinlichkeit, dass X einen Falschen tötet. R hat sich somit wegen Anstiftung zum Totschlag bzw. Mord des X strafbar gemacht.

3) Andere Stimmen in der Lehre gehen davon aus, dass der für den Haupttäter unbeachtliche Irrtum immer (!) auch für den Hintermann unbeachtlich sein müsse. R hat sich somit auch nach dieser Meinung wegen Anstiftung zum Totschlag bzw. Mord des X strafbar gemacht.

4) Da die Auffassungen zu unterschiedlichen Ergebnissen kommen, bedarf es einer Entscheidung, die wie folgt aussehen könnte: Der Anstifter greift das gesetzlich geschützte Rechtsgut durch seine Einwirkung auf den Täter mittelbar an. Bei den Tötungsdelikten ist es das Leben. Dieses Rechtsgut wird auch dann verletzt und nicht nur gefährdet, wenn der Täter über die Identität des Opfers irrt. Deswegen muss auch dem Anstifter der Irrtum zugerechnet werden, wenn es für ihn erkennbar war, es also innerhalb der Lebenswahrscheinlichkeit lag, dass sich der Täter bei der Auswahl des Opfers irrt. Die Auffassung des BGH und eines Teils der Lehre ist deswegen vorzuziehen.

V. Der Verbots- und Erlaubnisirrtum gemäß § 17

Der Täter handelt im *Verbotsirrtum*, wenn ihm die Unrechtseinsicht bzw. das Unrechtsbewusstsein bei Tatbegehung fehlt. Bei diesem Irrtum ist also der objektive und subjektive Tatbestand einer Strafvorschrift rechtswidrig verwirklicht, es entfällt lediglich nach § 17 I die Schuld des Täters, wenn dieser seinen Irrtum *nicht vermeiden* konnte.

Vermeidbar ist ein Verbotsirrtum, wenn dem Täter sein Vorhaben unter Berücksichtigung seiner Fähigkeiten und Kenntnisse hätte Anlass geben müssen, über dessen mögliche Rechtswidrigkeit *nachzudenken* oder sich zu *erkundigen* und er auf diesem Wege zur Unrechtseinsicht gekommen wäre. Vom Täter wird also verlangt, dass er verbleibende Zweifel beseitigt und Erkundigungen bei einer kompetenten Stelle einholt, z. B. bei einer Behörde oder bei einem Rechtsanwalt.

Man unterscheidet den *direkten* vom *indirekten* Verbotsirrtum (letzterer wird als *Erlaubnisirrtum* bezeichnet). Beim direkten Verbotsirrtum irrt sich der Täter über das grundsätzliche Verbotensein seines Tuns und zwar über die Existenz der Verbotsnorm. Die Behandlung dieses Irrtums erfolgt nach § 17.

94

Beispiel 7: Ein Kannibale von einem fernen Kontinent kommt in Köln an und verspeist dort wie gewohnt und in Unkenntnis der deutschen Gesetze den nächstbesten Menschen, den er sieht. Hat er § 212 verwirklicht?

Lösung: Hier liegt ein direkter Verbotsirrtum nach § 17 vor. Bei diesem kommt es darauf an, ob er vermeidbar war.

Beim *indirekten* Verbotsirrtum (Erlaubnisirrtum) weiß der Täter um das grundsätzliche Verbotensein seines Tuns. Er glaubt aber irrig, dass sein Verhalten gerechtfertigt sei, weil er fälschlicherweise die *Existenz einer Erlaubnisnorm bzw. eines Rechtfertigungsgrundes* annimmt.

Beispiel 8: Lehrer R glaubt, Schüler schlagen zu dürfen, die den Stoff der vorherigen Stunde nicht ordentlich durchgearbeitet haben und schlägt Schüler S. Hat R sich wegen Körperverletzung nach § 223 strafbar gemacht?

Lösung: Der R glaubt an das Bestehen eines nicht anerkannten Rechtfertigungsgrundes! Der Irrtum war vermeidbar, da R sich z.B. bei einem Rechtsanwalt hätte erkundigen können. Also hat der R schuldhaft gehandelt. Möglich ist damit nur eine Strafmilderung gemäß § 17 S. 2.

Der Täter kann sich auch *über den Umfang* eines tatsächlich existierenden Rechtfertigungsgrundes irren. Auch dieser Irrtum wird nach § 17 behandelt.

Beispiel 9: Opa R glaubt, das Notwehrrecht erlaube ihm, das Nachbarskind aus dem Kirschbaum zu schießen und tötet es. Hat der R sich wegen Totschlags gemäß § 212 strafbar gemacht?

Lösung: Der Täter verkennt hier den Umfang eines anerkannten Rechtfertigungsgrundes! Wenn sein Irrtum vermeidbar war, hat der R schuldhaft gehandelt. Möglich ist dann nur eine Strafmilderung gemäß § 17 S.2.

VI. Erlaubnistatbestandsirrtum

Beim Erlaubnistatbestandsirrtum irrt der Täter über das Vorliegen eines vom Recht anerkannten Rechtfertigungsgrundes, indem er irrig Umstände annimmt, die im Falle ihres tatsächlichen Vorliegens sein Handeln rechtfertigen würden.

Es handelt sich also nicht um einen Irrtum im Rechts-bereich, sondern um einen solchen im *Sachverhaltsbereich!* Folgende gedankliche *Testfrage* gilt es zu stellen: Wäre der Täter gerechtfertigt, wenn der Sachverhalt so wäre, wie sich diesen der Täter vorstellt?

Beispiel 10: Als R spät am Abend nach Hause gehen will, tritt der Passant T auf ihn zu, um ihn um Feuer zu bitten. Dabei zieht er eine Zigarettenpackung aus seiner Jackentasche. Als R sieht, wie T in die Tasche greift, glaubt er, dieser wolle ihn überfallen und berauben. R schlägt T nieder. Strafbarkeit des R?

Lösung: R hat den Tatbestand einer Körperverletzung (§ 223) verwirklicht. Eine Rechtfertigung nach § 32 scheidet aus, da kein Angriff des T vorlag. R hätte allerdings nicht schuldhaft gehandelt, wenn die Vorwerfbarkeit der Tat zu verneinen wäre. Dies wäre dann der Fall, wenn sich R in einem Erlaubnistatbestandsirrtum befunden hätte. Zu prüfen ist in Beispiel 10 also, ob R durch § 32 gerechtfertigt gewesen wäre, wenn der Sachverhalt wirklich so gewesen wäre, wie er ihn sich vorgestellt hatte. Mit anderen Worten: Man unterstellt, dass die Vorstellung des R richtig sei. Sodann fragt man, ob diese vorgestellte Sachlage einen anerkannten Rechtfertigungsgrund ausfüllen würde. Nur wenn dies zu bejahen ist, befindet sich der Täter überhaupt in einem Erlaubnistatbestandsirrtum.

In einem *zweiten Schritt* sind die *Rechtsfolgen des Erlaub-nistatbestandsirrtums* darzulegen. Diese sind äußerst umstritten. Folgende Auffassungen sollten bekannt sein:

1. Nach der **strengen Schuldtheorie** ist nicht nur der rechtliche, sondern auch der tatsächliche Irrtum über die Rechtswidrigkeit ein Verbotsirrtum und deshalb gemäß § 17 und im Rahmen der Schuld (III.) zu behandeln. Der Irrtum schließt also niemals den Vorsatz, sondern im Falle seiner *Unvermeidbarkeit* lediglich die Schuld aus, so dass dann die Strafbarkeit entfällt.

2. Nach der **Lehre von den negativen Tatbestandsmerkmalen** entfällt nach § 16 I S. 1 der Vorsatz. Hinweis zum Aufbau: Diese Lehre geht von einem *zweistufigen* Verbrechensaufbau aus, wonach Tatbestand und Rechtswidrigkeit zu einem Gesamtunrechtstatbestand verschmolzen sind; hiernach ist der Erlaubnistatbestandsirrtum im subjektiven Gesamtunrechtstatbestand zu prüfen.

3. Nach der **Vorsatztheorie** entfällt ebenfalls unter direkter Anwendung des § 16 I S. 1 der Vorsatz des Täters. Diese Ansicht gilt seit Einführung des § 17 ins StGB jedoch als nicht mehr vertretbar und wurde auch explizit vom BGH verworfen.

4. Zum Vorsatzausschluss kommt auf anderem dogmatischem Weg auch die **eingeschränkte Schuldtheorie**, die § 16 I S. 1 *analog* anwendet. Die direkte Anwendung des § 16 I S. 1 wird deshalb von dieser Ansicht nicht vorgenommen, da unter „gesetzlichem Tatbestand" nur der Unrechtstatbestand im engeren Sinn (objektiver Tatbestand) verstanden wird.

5. Die **rechtsfolgenverweisende Variante** der eingeschränkten Schuldtheorie lässt *analog* § 16 I S. 1 die *Vorsatzschuld* entfallen, jedoch nicht den Tatbestandsvorsatz. Die Besonderheit dieser Ansicht ist, dass sich der Täter selbst zwar mangels Schuld nicht strafbar gemacht hat. Er hat jedoch vorsätzlich und rechtswidrig gehandelt, so dass an seiner Tat eine *Teilnahme* (Anstiftung, § 26 und Beihilfe, § 27), die ja eine vorsätzliche, rechtswidrige Haupttat voraussetzt, möglich ist.

Hinweis: In einer Erlaubnistatbestandsirrtums-*Hausarbeit* müssen alle fünf oben genannten Ansichten aufgelistet werden. Weiterhin muss bei jeder Ansicht dargelegt werden, zu welchem Ergebnis man kommt, wenn man die entsprechende Theorie auf den konkreten Fall anwendet. Bei der rechtsfolgenverweisenden eingeschränkten Schuldtheorie entfällt z.B. der Schuldvorsatz (vgl. dazu Lektion 3, Seite 41).

In einer *Klausur* hat man häufig keine Zeit, alle genannten Meinungen darzustellen. Hier geht man daher *im Notfall* (!) direkt von der rechtsfolgenverweisenden eingeschränkten Schuldtheorie aus und schreibt bei der Prüfung der Schuld (III.), dass infolge des Erlaubnistatbestandsirrtums nach dieser Theorie die Vorsatzschuld entfällt. Allerdings kann dieses Vorgehen jedenfalls dann zu durchaus erheblichen Punkteinbußen führen, wenn der Schwerpunkt der Klausur bei der Erörterung des Erlaubnistatbestandsirrtums lag.

▶ **Literatur zu dieser Lektion**

📖 Skript **Standardfälle Strafrecht für Anfänger, Band 1**, Fälle 3, 9

📖 Skript **Standardfälle Strafrecht für Anfänger, Band 2**, Fälle 3, 4

📖 Esser, **JA** 2013, 28 (Anf.-Klausur u.a. zu error in persona, Notwehr)

📖 Streng, **JuS** 1991, 910 (Rose-Rosahl)

📖 Koriath, **JuS** 1998, 215 (Rose-Rosahl)

📖 Toepel, **JA** 1997, 556; 948 (Grundfälle zu Irrtümern)

📖 Otto, **Jura** 1990, 645 (Verbotsirrtum)

📖 Fahl, **JA** 1999, 8 (Verbotsirrtum)

📖 Rath, **Jura** 1998, 539 (Tatbestandsirrtum)

📖 Lesch, **JA** 1996, 504 (Verbotsirrtum)

📖 Lesch, **JA** 1996, 504 (507) (Erlaubnistatbestandsirrtum)

📖 Schmelz, **Jura** 2002, 391 (Erlaubnistatbestandsirrtum)

Lektion 10: Konkurrenzen

Sind mehrere Straftatbestände erfüllt, ist der Täter also nach verschiedenen Vorschriften strafbar, dann stellt sich die Frage, aus welcher Vorschrift die Strafe zu nehmen ist. Des Weiteren ist wichtig, welche Tatbestände aus klarstellender Funktion im Urteilsspruch eines Gerichtes erwähnt werden und welche nicht. Diese Fragen werden mit Hilfe der *Konkurrenzlehre* beantwortet. Aus dem Blickwinkel der Strafe ist zunächst maßgeblich, ob bei mehreren Handlungen des Täters *Handlungseinheit* oder *–mehrheit* vorliegt.

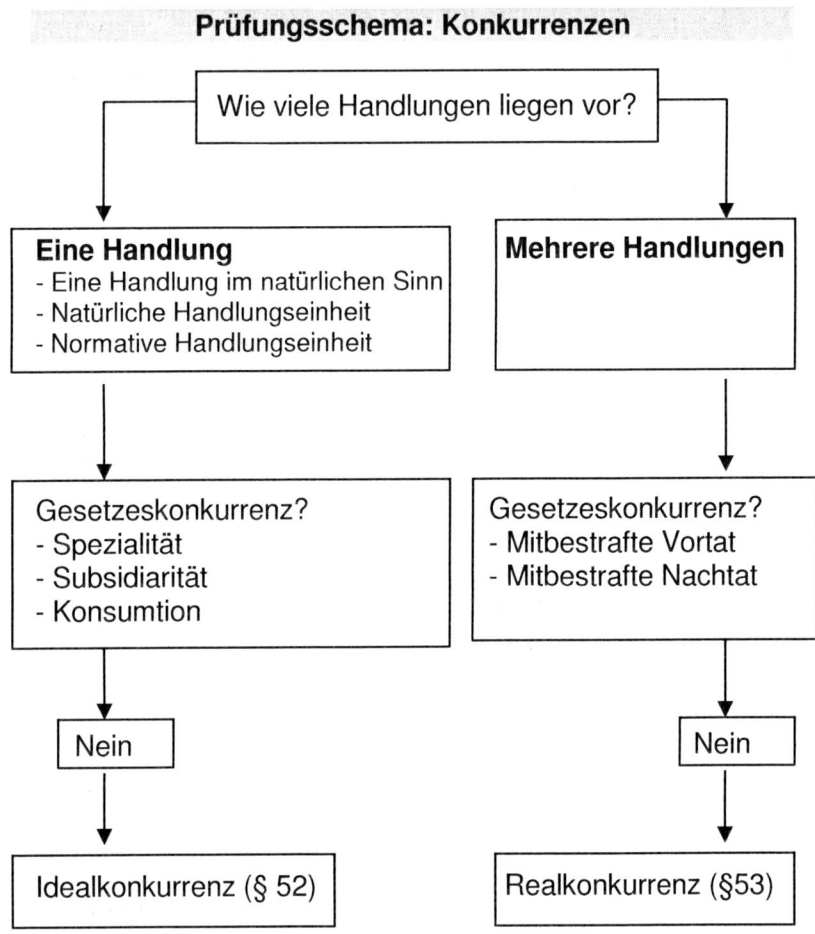

Prüfungsschema: Konkurrenzen

Wie viele Handlungen liegen vor?

Eine Handlung
- Eine Handlung im natürlichen Sinn
- Natürliche Handlungseinheit
- Normative Handlungseinheit

Mehrere Handlungen

Gesetzeskonkurrenz?
- Spezialität
- Subsidiarität
- Konsumtion

Gesetzeskonkurrenz?
- Mitbestrafte Vortat
- Mitbestrafte Nachtat

Nein

Nein

Idealkonkurrenz (§ 52)

Realkonkurrenz (§53)

A. Handlungseinheit

Verletzt dieselbe Handlung mehrere Strafgesetze oder ein Strafgesetz mehrmals, dann liegt *Tateinheit* (Idealkonkurrenz) vor. Nach § 52 I wird nur auf *eine Strafe* erkannt. Diese ergibt sich nach § 52 II bei der Verletzung mehrerer Strafgesetze aus dem Gesetz, welches die *schwerste Strafe* androht.

Beispiel 1: A sagt vor einem Strafgericht zugunsten seines angeklagten Freundes B falsch aus (§ 153 I), um dem B eine Verurteilung zu ersparen, was auch gelingt (§ 258 I). Hier wird die Strafe gemäß § 52 II aus dem Tatbestand des § 153 II entnommen (höhere Mindeststrafe bei gleicher Höchststrafe).

B. Handlungsmehrheit

Hat jemand dagegen mehrere selbständige Straftaten begangen, dann liegt *Tatmehrheit* (Realkonkurrenz) vor, geregelt in §§ 53 - 55. Nach § 53 I ist aus mehreren verwirkten Einzelstrafen auf eine *Gesamtstrafe* zu erkennen.

Beispiel 2: T begeht am Montag einen Diebstahl (§ 242 I), am Donnerstag eine Körperverletzung (§ 223 I) und am Samstag eine weitere Körperverletzung (§ 223 I). In diesem Fall geht es um jeweils eigenständige Strafen, die (unter Berücksichtigung des „strafrechtlichen Mengenrabatts") zu addieren sind.

I. Zunächst muss also immer geprüft werden, ob *eine* Handlung vorliegt oder *mehrere.* Von *einer* Handlung spricht man in *drei Fällen:*

1. Handlung im natürlichen Sinn

Diese liegt vor, wenn sich *ein* Handlungsentschluss in *einer* Willensbetätigung realisiert.

Beispiel 3: Ein Bombenanschlag tötet einen Menschen, beschädigt ein Auto und verletzt einen weiteren Menschen. Hier wurde mit einer Handlung ein Totschlag (§ 212), eine Sachbeschädigung (§ 303) und eine Körperverletzung (§ 223) verwirklicht.

Beispiel 4: A gibt B eine Ohrfeige. Dabei zerbricht die Brille des B. Hier wurde mit einer Handlung eine Körperverletzung (§ 223) und eine Sachbeschädigung (§ 303) verwirklicht.

2. Natürliche Handlungseinheit

Diese liegt vor, wenn sich *ein* Handlungsentschluss in *mehreren* Willensbetätigungen realisiert. Grundfälle der natürlichen Handlungseinheit sind die *sukzessive* (d. h. schrittweise erfolgende) und die sich *wiederholende* Handlungseinheit.

Beispiel 5: Dieselbe Handlung liegt vor, wenn der Täter sukzessiv das Opfer mit Tötungsvorsatz zunächst niederschlägt, dann darauf eintritt und es schließlich in ein brennendes Haus wirft, wo es verbrennt.

Beispiel 6: Wiederholende Handlungseinheit liegt z.B. vor, wenn der Täter in ein Haus einbricht und nacheinander Gegenstände zu seinem Transportfahrzeug schafft. Damit sind mehrere Einzelakte, aber nur ein einheitlicher Deliktserfolg gegeben! Entsprechend würde dann, wenn der Täter seinem Opfer unmittelbar hintereinander drei Ohrfeigen gibt, auch nur eine einzige Körperverletzung gegeben sein, nicht etwa drei.

Die Rechtsprechung stellt bei der natürlichen Handlungseinheit darauf ab, ob die natürliche Lebensauffassung unter Berücksichtigung des zeitlichen und räumlichen Zusammenhangs noch eine Einheit erkennen würde. Falls dies der Fall ist, liegt natürliche Handlungseinheit vor, falls nicht, sind mehrere Handlungen gegeben.

3. Normative Handlungseinheit

Die normative Handlungseinheit ist in folgenden Fällen gegeben:

a) Mehraktige oder zusammengesetzte Delikte

Beispiel 7: A schlägt den B bewusstlos, um daraufhin die goldene Uhr des B an sich zu nehmen. Hier ist bzgl. der Körperverletzung und des Raubs eine Handlung gegeben.

b) Dauerdelikt und Klammerwirkung

Beispiel 8: A zwängt den B mit einem Stockschlag in eine Besenkammer und unterbindet später den Ausbruchversuch des B mit einem weiteren Stockschlag. Hier „verklammern" die beiden Körperverletzungen (Stockschläge) das Dauerdelikt „Freiheitsberaubung" (§ 239).

Kann nach der Prüfung keine einzelne Handlung bzw. Handlungseinheit angenommen werden, dann liegt *Handlungsmehrheit* vor!

II. Unabhängig vom Ergebnis, muss in einem nächsten Schritt überprüft werden, ob ein Fall von *Gesetzeskonkurrenz* vorliegt. Man unterscheidet *fünf* Arten der Gesetzeskonkurrenz:

1. Spezialität

Diese liegt vor, wenn ein Straftatbestand (lex specialis) begriffsnotwendig alle Merkmale eines anderen Straftatbestandes (lex generalis) und mindestens ein weiteres Merkmal enthält.

Beispiel 9: Der qualifizierte Diebstahl mit Waffen (§ 244) verdrängt den „allgemeineren" Diebstahl (§ 242); Raub (§ 249) als speziellere Strafvorschrift verdrängt die Ausgangstatbestände der Nötigung (§ 240) und des Diebstahls (§ 242), da er deren Tatbestandsmerkmale alle enthält. § 253 I (Erpressung) verdrängt §§ 240, 241; § 255 (Räuberische Erpressung) verdrängt § 253. Die gefährliche Körperverletzung (§ 224) verdrängt die einfache Körperverletzung (§ 223).

2. Subsidiarität

Diese liegt vor, wenn ein Gesetz gegenüber einem anderen nur *hilfsweise* zur Anwendung gelangt.

Beispiel 10: §§ 145d I a.E., 246 I a.E., 316 I a.E. Es gilt ferner Subsidiarität des Versuchs gegenüber der Vollendung.

3. Konsumtion

Nach h. M. liegt der Fall der Konsumtion vor, wenn eine Tat regelmäßig und typischerweise mit der Begehung einer anderen zusammentrifft und der Unrechts- und Schuldgehalt durch die schwerere Deliktsform mit *aufgezehrt* wird.

Beispiel 11: §§ 242, 243 I S. 2 Nr. 1 konsumiert bzw. verzehrt § 123 (Hausfriedensbruch) und § 303 (Sachbeschädigung). (Anm.: Anders entschied die Rechtsprechung einmal in einem Fall, wo ein sehr wertvoller Automat aufgebrochen wurde, um eine geringwertige Sache zu stehlen. Von daher sollte der Einzelfall berücksichtigt werden.)

Das schwerere Delikt verzehrt also regelmäßig den Unwertgehalt des leichteren.

4. Mitbestrafte Vortat

Eine mitbestrafte Vortat kommt nur bei *mehreren* Handlungen in Betracht. Man versteht unter einer mitbestraften Vortat eine Handlung, deren Unrechtsgehalt bereits in der späteren Handlung enthalten ist.

Beispiel 12: A unterschlägt den Autoschlüssel des B und entwendet damit später dessen Wagen. Hier ist der Unrechtsgehalt der Unterschlagung der Autoschlüssel bereits im Unrechtsgehalt des Autodiebstahls enthalten.

5. Mitbestrafte Nachtat

Eine mitbestrafte Nachtat kommt nur bei *mehreren* Handlungen in Betracht. Man versteht unter einer mitbestraften Nachtat eine spätere Handlung, deren Unrechtsgehalt bereits in der früheren Handlung enthalten ist.

Beispiel 13: A stiehlt den Wagen des B und verkauft ihn an C. Hier wird die in dem Verkauf des Wagens liegende Unterschlagung nicht zusätzlich zu dem Diebstahl bestraft. Vielmehr tritt die Unterschlagung nach der Literatur hinter dem Diebstahl als mitbestrafte Nachtat zurück.

Steht fest, dass die einzelnen Delikte erfüllt wurden, ohne dass Gesetzeskonkurrenz vorliegt, dann stehen diese Delikte bei *einer* Handlung in Idealkonkurrenz = Tateinheit (§ 52) und bei *mehreren* Handlungen in Realkonkurrenz = Tatmehrheit (§ 53) zueinander.

▶ **Literatur zu dieser Lektion**

📖 Geppert, **Jura** 2000, 598; 651 (Konkurrenzen)

Hörbuch (MP3-CD)
Definitionen für die Strafrechtsklausur
Ca. 79 Minuten
ISBN 978-3-86724-010-9
7,90 €

Einführung in das Strafrecht (BT) 1
Mit Beispielen und Schemata
für den leichten Einstieg
- Vermögensdelikte -
ISBN 978-3-86724-048-2
9,90 €

Einführung in das Strafrecht (BT) 2
Mit Beispielen und Schemata
für den leichten Einstieg
- Nichtvermögensdelikte -
ISBN 978-3-86724-049-9
9,90 €

Definitionen für die Strafrechtsklausur
Formulierungen zum Auswendiglernen
ISBN 978-3-86724-050-5
7,90 €

104

▶ Unsere 📖 Skripten 📇 Karteikarten 🎵 Hörbücher (CD & MP3)

Zivilrecht

- 📖 Standardfälle für Anfänger (7,90 €)
- 📖 🎵 Standardfälle BGB AT (7,90 €)
- 📖 🎵 Standardfälle Schuldrecht (7,90 €)
- 📖 🎵 Standardfälle Ges. Schuldverh., §§ 677, 812,823
- 📖 🎵 Standardfälle Sachenrecht (9,90 €)
- 📖 🎵 Standardfälle Familien- und Erbrecht (9,90 €)
- 📖 Klausuren Übung für Fortgeschrittene (7,90 €)
- 📖 🎵 Basiswissen BGB (AT) (Frage-Antwort)
- 📖 🎵 Basiswissen SchuldR (AT) 📖 🎵 SchuldR (BT) (7 €)
- 📖 🎵 Basiswissen Sachenrecht, 📖 🎵 FamR, 📖 🎵 ErbR
- 📖 Einführung in das Bürgerliche Recht (7,90 €)
- 📖 Studienbuch BGB (AT) (12 €)
- 📖 Studienbuch Schuldrecht (AT) (12 €)
- 📖 Schuldrecht (BT) 1 – §§ 437, 536, 634, 670 ff. (9,90 €)
- 📖 Schuldrecht (BT) 2 – §§ 812, 823, 765 ff. (9,90 €)
- 📖 SachenR 1 – Bewegl. S., 📖 SachenR 2 – Unb. S. (9,9 €)
- 📖 Familienrecht und 📖 Erbrecht (Einführungen) (9,90 €)
- 📖 Streitfragen Schuldrecht (7,90 €)
- 📖 🎵 Definitionen für die Zivilrechtsklausur (9,90 €)

Strafrecht

- 📖 🎵 Standardfälle für Anfänger Band 1 (9,90 €)
- 📖 Standardfälle für Anfänger Band 2 (7,90 €)
- 📖 Standardfälle für Fortgeschrittene (12 €)
- 📖 🎵 Basiswissen Strafrecht (AT) (Frage-Antwort)
- 📖 🎵 Basiswissen Strafrecht BT 1 und 📖 🎵 BT 2 (7 €)
- 📖 Strafrecht (AT) (7,90 €)
- 📖 Strafrecht (BT) 1 – Vermögensdelikte (9,90 €)
- 📖 Strafrecht (BT) 2 – Nichtvermögensdelikte (9,90 €)
- 📖 🎵 Definitionen für die Strafrechtsklausur (7,90 €)

Irrtümer und Änderungen vorbehalten!

Öffentliches Recht

- 📖 Standardfälle Staatsrecht I – StaatsorgaR (9,90 €)
- 📖 Standardfälle Staatsrecht II – Grundrechte (9,90 €)
- 📖 🎵 Standardfälle f. Anfänger (StaatsorgaR u. GRe) (7,9 €)
- 📖 Standardfälle Verwaltungsrecht (AT) (9,90 €)
- 📖 Standardfälle Polizei- und Ordnungsrecht (9,90 €)
- 📖 Standardfälle Baurecht (9,90 €)
- 📖 Standardfälle Kommunalrecht (9,90 €)
- 📖 🎵 Basiswissen StaatsR I –StaatsorgaR (Fr-Antw.) (7 €)
- 📖 🎵 Basiswissen StaatsR II –GrundR (Frage-Antw.) (7 €)
- 📖 Basiswissen VerwaltungsR AT– (Frage-Antwort) (7 €)
- 📖 Studienbuch Staatsorganisationsrecht (9,90 €)
- 📖 Studienbuch Grundrechte (9,90 €)
- 📖 Studienbuch Verwaltungsrecht AT (12 €)
- 📖 Studienbuch Europarecht (12,90 €)
- 🎵 Basiswissen Europarecht
- 📖 Staatshaftungsrecht (9,90 €)
- 📖 VerwaltungsR AT 1 – VwVfG u. 📖 AT 2–VwGO (7,90 €)
- 📖 VerwaltungsR BT 1 – POR (9,90 €)
- 📖 VerwaltungsR BT 2 – BauR 📖 BT 3 – UmweltR (9,90 €)
- 📖 🎵 Definitionen Öffentliches Recht (9,90 €)

Steuerrecht

- 📖 Abgabenordnung (AO) (9,90 €)
- 📖 Erbschaftsteuerrecht (9,90 €)
- 📖 Steuerstrafrecht/Verfahren/Steuerhaftung (7,90 €)

Sozialrecht

- 📖 Kinder- und Jugendhilferecht (7,90 €)
- 📖 Sozialrecht (9,90 €)

Nebengebiete

- 📖 🎵 Standardfälle Handels- & GesR (9,90 €)
- 📖 🎵 Standardfälle Arbeitsrecht (9,90 €)
- 📖 Standardfälle ZPO (9,90 €)
- 📖 🎵 Basiswissen HandelsR (Frage-Antwort) (7,9 €)
- 📖 🎵 Basiswissen Gesellschaftsrecht (7,90 €)
- 📖 🎵 Basiswissen ZPO (Frage-Antwort) (7,90 €)
- 📖 🎵 Basiswissen StPO (Frage-Antwort) (7,90 €)
- 📖 Handelsrecht (9,90 €)
- 📖 Gesellschaftsrecht (9,90 €)
- 📖 Arbeitsrecht (9,90 €)
- 📖 Kollektives Arbeitsrecht (9,90 €)
- 📖 ZPO I – Erkenntnisverfahren (9,90 €)
- 📖 ZPO II – Zwangsvollstreckung (9,90 €)
- 📖 Strafprozessordnung – StPO (9,90 €)
- 📖 Einf. Internationales Privatrecht - IPR (9,90 €)
- 📖 Standardfälle IPR (9,90 €)
- 📖 Insolvenzrecht (9,90 €)
- 📖 Gewerbl. Rechtsschutz/Urheberrecht (9,90 €)
- 📖 Wettbewerbsrecht (9,90 €)
- 📖 Ratgeber 500 Spezial-Tipps für Juristen (12 €)
- 📖 Mediation (7,90 €)
- 📖 Sportrecht (9,90 €)

Karteikarten (je 9,90 €)

- 📇 Zivilrecht: BGB AT/SchuldR/Grundlagen/Schemata
- 📇 Strafrecht: AT/BT-1/BT-2/Streitfragen
- 📇 Öff. R.: StaatsorgaR/GrundR/VerwR/Schemata

Assessorexamen

- 📖 Der Aktenvortrag im Strafrecht (7,90 €)
- 📖 Der Aktenvortrag im Zivilrecht (7,90 €)
- 📖 Der Aktenvortrag im Öffentlichen Recht (7,90 €)
- 📖 Staatsanwaltl. Sitzungsdienst & Plädoyer (9,90 €)
- 📖 Die strafrechtliche Assessorklausur (7,90 €)
- 📖 Die Assessorklausur VerwR Bd. 1 (7,90 €)
- 📖 Die Assessorklausur VerwR Bd. 2 (7,90 €)
- 📖 Vertragsgestaltung in der Anwaltsstation (7 €)

Irrtümer und Änderungen vorbehalten!

BWL

- 📖 Einführung i. die Betriebswirtschaftslehre (7,90 €)
- 📖 Marketing (7 €)
- 📖 Organisationsgestaltung & -entwickl. (7,90 €)
- 📖 Fallstudien Organisationsgestaltung & -entwickl.
- 📖 Internationales Management (7 €)
- 📖 Wie gelingt meine wiss. Abschlussarbeit? (7 €)

Irrtümer und Änderungen vorbehalten!

Schemata

- 📖 Die wichtigsten Schemata-ZivR,StrafR,ÖR (14,90)
- 📖 Die wichtigsten Schemata–Nebengebiete (9,90 €)

🎵 bedeutet: auch als **Hörbuch** (CD oder MP3-Download) lieferbar!

Bei **niederle-media.de** bestellte Artikel treffen idR *nach 1-2 Werktagen* ein!